丛书

旧雨新知

苏州杂志社 编

苏州大学出版社
Soochow University Press

JIUYU XINZHI

图书在版编目(CIP)数据

旧雨新知 / 苏州杂志社编. —苏州：苏州大学出版社, 2021.1
(青石弄记丛书)
ISBN 978-7-5672-3384-3

Ⅰ.①旧… Ⅱ.①苏… Ⅲ.①文化史-苏州 Ⅳ.①K295.33

中国版本图书馆 CIP 数据核字(2020)第 252725 号

书　　名：	旧雨新知
编　　者：	苏州杂志社
责任编辑：	吴　钰
出版发行：	苏州大学出版社
社　　址：	苏州市十梓街 1 号　邮编：215006
网　　址：	http://www.sudapress.com
印　　刷：	苏州工业园区美柯乐制版印务有限责任公司
开　　本：	890 mm×1 240 mm　1/32
印　　张：	7.125
插　　页：	1
字　　数：	130 千
版　　次：	2021 年 1 月第 1 版
印　　次：	2021 年 1 月第 1 次印刷
书　　号：	ISBN 978-7-5672-3384-3
定　　价：	26.00 元

苏州大学版图书若有印装错误，本社负责调换
苏州大学出版社营销部　电话：0512-67481020
苏州大学出版社邮箱　sdcbs@suda.edu.cn

目　录......

● **华人德**

宋季丁／001

王能父／004

沈子丞先生百年诞辰纪念／011

萧退庵先生的晚年生活／018

沙曼翁／027

天保九如／036

● **王锡麒／陶立**

芝兰堂闲话（一）／045

芝兰堂闲话（二）／056

芝兰堂闲话（三）／064

芝兰堂闲话(四) / 073

芝兰堂闲话(五) / 083

芝兰堂闲话(六) / 091

● **林继凡 / 陈未沫**

戏画记(一) / 100

戏画记(二) / 115

戏画记(三) / 132

戏画记(四) / 152

戏画记(五) / 168

戏画记(六) / 187

● **顾志聘**

没有台词的演员 / 198

黄春娅:绷子上的字里行间 / 205

一根针线的出世入世 / 210

余福臻:苏绣变革者 / 214

"我这一生都给了它" / 218

宋季丁

华人德

　　古杭宋季丁先生，流寓姑苏数十年，其书法，以诗喻之，或似孟东野、贾阆仙短句，简质疏淡，清泠幽僻；或似韩退之、李长吉长歌，超纵跌宕，盘纡奇肆，皆苦吟而成。其刻意呕心处，可见指爪血痕。晚年贫病交加，前人云：管城子有饿者相，又云翰墨疗俗矣。不饥即俗，其字不随时尚，又不肯就俗，故不售而贫。

题宋季丁先生草书卷后

　　丁亥岁暮　大雪数日　于古薇山房　人德呵冻

前人云管城子有餓者相又云翰墨癯俗矣不饑即俗其字不隨時尚又不肯就俗故不信而貧

題宋季丁先生草書卷後 丁亥歲暮大雪數日於古歡山房 人徑呵凍

古杭宋季丁先生孫寓姑蘇數十年其書法以詩喻之或似孟東野賈閬仙短句簡質疎澹清如畫偈或似韓退之李長吉長歌詆詬跌宕盤紆奇肆皆苦吟而成其刻意嘔心處可見指爪血痕晚年貧病交加

王能父

华人德

1973年秋,苏北东台县城一家工艺厂开办国画生产业务,到农村来招收能书会画的人进厂。我插队在海边已四年,自小临池未间断过,会写毛笔字,经朋友推荐,列入了招工的名单。我去厂里参观,只见环境设施极为简陋,但厂里大多是苏州、无锡的下放人员,工种有书画、刺绣及装裱,在一个成天在田里耕作的知青眼里,这厂真是一个理想中的乐园。朋友指着一位老人介绍说,这是苏州老书法家王能父先生。当时先生尚未到花甲之年,但苍颜白发、牙齿脱落,看起来比实际年龄老得多。翌年初夏,我正式进工艺厂工作,被安排和王先生一起搞书写,兼管图书资料。记得和王先生一见面,他就要我去县文化馆看一个正在举办的盐城地区书法展览,并指定有几个人的作品要仔细看,看后将我的评价告诉他。他是要先测试一下我的眼光。我因酷爱汉魏碑刻，已写了多年北魏墓志，王先生对我说，现在写字成了我的工作，高古的字难为一般人所欣赏，所以要能写两手字，要会写得一手工整漂亮的字，文徵明的字雅俗共赏，建议我学学。他说自小秉性懦弱，受父亲督责，行、楷学赵孟頫，隶书得力于《曹全碑》和《西狭颂》，小篆历来首推斯冰，而二李中更爱李阳冰铁线篆，自知取法不高，唯性情所适，不肯人云亦云。又讲：所谓遍临百家，既无可能，也不必要，但一定要多看，见多识广，才能有所比较，有所取舍。在先生的教导下，我明白了这样的道理：司空图所列二十四诗品，有雄浑、高古、纤秾、绮丽……品流间难分轩轾。书品犹同诗品，可以各有所爱，并根据自己的个性和理解，选择追求的目标，其造诣就是在此品流中所能达到的境地。如果妄举高标，以粗豪为雄浑，以简率为高古，就差之毫厘，谬以千里了。王先生见我潜心于汉魏碑版，常提醒我写魏碑切莫模仿刀锋的削露或字口的剥蚀痕，以堕丑恶。又说《石门颂》不易写好，往往使结构松散、笔画蜷曲，须有才气提炼方可。相传傅山一次见到儿子傅眉写的字，惊呼儿子活不到吃新麦的时候了，后来果如其言。老辈人相信字迹与寿数相关。不知王先生是相信此说还是以此为借托，他曾告诫我：年轻人不可将字写得枯，字枯乏就像人未老先衰，非寿者之相。写字要出于自然，切忌做作。先生写大字用长锋羊毫,双钩悬腕,管随指转,此法得之于萧退庵先生,转折时笔锋随手指捻管而转换,不致扭绞。喜蘸饱墨,运笔提按顿挫,极有节奏,字迹老苍而妍润,常以一"韧"字自评其书。先生认为文字学与书法关系最为密切。我在农村四年,白天下田劳动,晚上在油灯下除临写碑帖外,即看一朋友送我的大徐本《说文解字》及一些历史书,故能识得篆字,在20世纪60年代末,年轻人尚无人读此等书。王先生常举《说文》中的篆字和我谈论,并要我将常见的古体诗词用篆书写出。没有的字找合适的字通假。他叮嘱要勤于查书,可少出差错,他讲起邓粪翁有一次篆书将"晴"字写成了日旁加青,有人指出晴字篆书作"婞",粪翁事后常说:有些篆字没有十分把握,一定要翻书查一查再写,不可杜撰。先生篆刻宗汉印,认为刻印篆法为首要,章法次之,刀法又次之。所刻印布置工稳,不事离奇,亦不喜破残,用大刻刀。

  先生平时经常做诗吟咏,偶录有诗稿,有诗友来,往往携之而去,也不索还,故至今竟不存,大多也记忆不起了。古人中最爱读陆放翁诗,既击节叹赏悲愤激越的作品,更喜吟哦其闲适清新的诗句。先生又善刻竹,精于灯谜,名闻海内。《文化与娱乐》杂志主办的首届全国灯谜比赛,谜友邀请其参加,于是以"自小在一起,目前少联系"射一"省"字谜投稿,而获得"五虎将"第一名。王先生从不教我刻竹与灯谜，以为刻竹是雕虫之技，而灯谜只可消遣娱乐，我年纪轻，意志不能放在这些方面。先生却要我经常做做诗，以提高自己的情操和修养。

先生一生清贫，那些年家境极为困苦，我平时无能力孝敬先生，唯刻苦读书学习，不敢蹉跎岁月。在东台的五年里，我和先生朝夕相处，有两件事我最难忘。

1975年中秋节前两日傍晚，我在轮船站送人回无锡，有人来找我，说师母病危，要我立即帮助送医院。我匆匆借了辆板车，师生二人将师母推了去医院。路上月华如水，师母絮絮欲言，声音极微弱，遂停下车倾听，师母讲中秋节到了，怎么过节？买些什么菜？先生讲，等你病愈出院后再过。刚送到医院，师母就痰上涌绝了气，未能抢救过来。我回去帮忙办后事，而先生在医院太平间陪伴了师母最后一夜。从此以后，先生蓄了须，以为对师母的纪念。

1978年秋，我考上了北京大学图书馆学系，因拿到入学通知书不几天就要到校，故忙于办理各种手续和准备行李。那几天，王先生一直闭门在刻印写字。在我临行前，他从数十幅字中选出"昏瞳但怪花争坠，衰鬓应无白可添""白发无情侵老境，青灯有味似儿时"等三幅陆游诗句对联给我，用以自况；还为我刻了一方姓名印、一方"读书记"印，附一本装订好的印谱，印谱跋中讲：他申言从不留印存，因我将游学远行，故食言钤集近年所治印于一册，可作留念；并将一部线装的段玉裁《说文解字注》从旧书架上取下，说此书已随他数十年，现已老了，眼花不辨细字，我走后也没有人再谈文字了，让我带去，今后或许有用；又写了一篇序文，要我好好读书，不断上进，殷殷勉励再三。

我在北京大学读书时，靠十多元助学金维持生活，到校不久，就收到王先生汇来的一百元钱，让我买书用，这一百元钱在那时是他三个月的工资收入。

1980年，下放人员纷纷回原地，王先生也离开东台，由无锡园林局聘请了去，在无锡数年中为园林的修复、扩建和布置做出了许多贡献。我在读书期间回无锡老家，总要到惠山去看望先生。毕业后不久，我调到苏州大学图书馆工作，王先生也回到苏州，在他以前所在的艺石斋担任些顾问性工作。我夫妇经常抽空去看望他。先生无著述，我曾问其原因，他说他不能以自己的观点去影响他人，何况一些观点还为自己所否定，所以连灯谜方面都不敢有著述，遑论其他了。

王先生原名月江，江苏泰州姜堰人。少秉家学，习书法，中年客居苏州，曾师事常熟萧退闇先生。今年八十整寿，我随侍二十载，受其言传身教、潜移默化，获益良多。先生不标举清高，而耻因人热，汪汪如千顷陂，澄之不清，淆之不浊。韩愈有句诗："大匠无弃材，寻尺各有施。"我这尺寸之木，如未有先生整斫，或许至今仍是块弃材。

王师能父先生，姜堰人，中年寓吴门。好吟咏，诗稿皆不留存。通许氏《说文》，精书法篆刻，擅刻竹，亦善作谜语。尝以"自小在一起，目前少联系"射一"省"字，获首届全国灯谜比赛"五虎将"之首。晚年受无锡园林局聘请，为园林修复、布置、题刻，出力颇巨。先生一生清贫，安之若素。为人平易豁达，不标举清高，而耻因人热。享年八十三。葬无锡锡惠公园内忍草庵后半山，不封不树，托体山阿。

今日为先生去世十二周年忌日（1998年2月13日），以为纪念。己丑岁除夕，人德。

王师能父先生善垣人中年寓吴门好吟咏诗篆皆不留存

通许氏说文精书法篆刻擅刻竹尤善作谜语尝以自小在一起

目前少匹毄射一省字获首届全国谜语比赛五届特之首晚年受

无锡园林局聘请为园林修缮布置题刻出力颇巨 先生一生清

贫与若為人平易豁达不摆譜清高而耻因人熟享年八十三

葬与锡惠公园内忍艸庵后半山不封不树託體山阿

今日为先生去世十二週年忌日以为纪念 己丑岁除夕人徳

沈子丞先生百年诞辰纪念

华人德

20世纪60年代末,外贸出口逐渐恢复,苏北东台有家小厂筹办了国画车间,将苏州、无锡等地下放到农村的绘画、刺绣、装裱等专业人才寻访、招聘到厂里。当时我是个插队知青,因习字多年,由朋友介绍,也列于招工计划名单之内,进厂之前曾到国画车间去参观过。所谓车间,是在一废弃的小学内,几间破旧的房间里放上几张画桌。由于设计人员和工人多是从农村调到城镇,从事自己熟悉的行当,按件计酬,有比在田里挣工分多得多的收入,所以都认真工作,亦可谈笑,其乐融融。在一个小房间里有两张画桌,一个身材较小、白发皤然的老者在打画稿,另有一年轻人在画画。朋友向我介绍,老先生是从苏州请来的著名画家,专门做设计的。墙上挂了两幅绢本画芯,是青绿山水,我因第一次见到这样的画,十分惊奇。我出来问朋友："那两幅画大概是老先生画的吧？画得真出色！"朋友说："是那位年轻人画的，沈老先生的学生。"我很惊讶，觉得老先生胸中丘壑，深不可测。这是我第一次见到沈子丞先生，印象极为深刻。

我进厂工作后，发现厂里上下都对沈老先生十分尊敬，苏州、无锡人不论是否师从于他，晚辈几乎都称他为"先生"而不冠姓氏。我从事的工作是书写，老师是王能父先生，所以称沈子丞为"沈老"而不称"先生"。后来车间领导要我兼管图书资料，沈老因有时要来借画册，他设计的画稿也需先交给我登记，然后再能出借，这样很快就熟悉了。我对沈老非常景仰，有空常去看他写字作画。沈老擅诗词，工书法，精画艺。所作人物、山水、花卉、蔬果，能工能写，苍劲浑厚，无不精妙。其中以人物最著，一般皆不打底稿，随手画出，勾勒线条，面容造型，不因袭前人，仕女童叟，都憨态可掬，气息高古，在改七芗、费晓楼之上。山水取法王蒙、石溪、石涛。晚年山石不多皴擦，以渲染为主，树木也删繁就简，意境清远。设计画稿，以人物、山水为主。沈老每日傍晚常小酌，饭后在灯下趁微醺挥毫，或书或画。画多为花卉蔬果，间作山水。我最喜爱沈老的花卉，因为都是乘兴而作，不名一家，最富笔墨情趣，百看不厌。他每画应时花卉，冬春都画梅花，或老干丛生，千朵万蕊，或疏影横斜，一枝独秀；夏季则写荷花，或亭亭净植，或摇曳生姿，水墨淋漓，令暑气全消；秋天常画菊花、雁来红，或傍疏篱，或旁有酒一瓯、紫蟹三四、乳姜二枚，色彩斑斓悦目。画好也不装裱，即作钉壁之玩，按季节更换，有喜爱者常取去珍藏。若是写字，更是笔下生风。沈老书法初学恽南田，也临过《张黑女墓志》，后获钟繇《荐季直表》，反复研习，结体扁密，运笔拙厚，深得其神韵，行草也是从中化出。沈老写字用小笔，先蘸水，再用纸吸干，然后笔端蘸浓墨，浓淡枯润相间，过渡自然。若写小字，则纯用中锋；写大字则卧笔或按到笔根疾扫。小笔因含水墨较少，故枯湿浓淡过渡分明，节奏韵味表现丰富。但是用来写大字，就必须把笔铺开，这样笔锋散开不能聚拢，线条就单薄，失却含蓄浑厚之美。而沈老能扬其所长，避其所短，与一般写字执着于中锋，笔管不能欹倒的成规不同，挥毫时指腕翻动，处处将散开的笔锋随着笔画的正中运行，奋疾发力，顿驻蓄势，如庖丁解牛，"合于桑林之舞，乃中经首之会"。由沈老起稿的一幅《古寒山寺图》，用发绣绣成，获得全国旅游工艺品优秀奖，其诗堂是请费新我先生写的张继诗《枫桥夜泊》行草。费老的字健笔纵横、倔强古拙。沈老看了说道："费老才是写字，而我则是画字。"沈老这话是自谦，但这一"画"字极为恰切地道出了他的书法特点。他将画法融入书法，由于谙熟用笔理趣，又善用水墨，结字修短大小，随机应变，章法虚实调合，游刃有余。所以书法作品耐人寻味，不同凡俗。

沈老也擅诗词，常以诗入画，有画也必题诗，造句清隽，回味无穷。20世纪70年代中期，沈老由数位青年随同，先游黄山，作记游诗18首，并有写生稿。后又游泰山、洛阳、华山、西安、成都、重庆，经三峡至庐山，历时月余，时年逾古稀，尚壮游万里。

1978年，我参加了高考，被北京大学图书馆学系录取。临行前，沈老将一支金笔和一本日记簿赠予我，以作勉励。我也把一只古陶罐送给了沈老，送去时，他正在作画，画的是月夜芦苇丛中的一只小舟上有一位吹笛的仕女。他见我喜欢，又将这幅画送给了我，以我喜欢的萨都剌诗句"江上月凉吹紫竹"为题，并跋数语："人德兄即将离台，余亦不日南归，再见难期，作小画留念，之淳。"

我在大学三年级刚开学不久，沈老应文化部邀请，到北京中国画研究会创作数十天，住在颐和园藻鉴堂。一天晚上，我骑车去看望他，一同邀请的还有夏承焘、许麟庐、徐邦达诸先生。过后，我陪他还有张倩华女士一起游览了圆明园遗址。沈老来时用手帕包了一个硕大无比的水蜜桃，说，文化部送给他们每人两个,他舍不得都吃掉,留一个带给我吃。我们从圆明园回来,又到北大我的宿舍里小歇,看看我的学习和生活的环境。这一年冬天,"首届大学生书法比赛获奖作品展览"在中国美术馆展出,北大的几位获奖者去参加了开幕式。看展览时,大家遇到了几位北京的老书法家,其中有黄苗子先生。许多学生出于好奇和求知欲,围着老先生请求指点自己的作品,或者提出各种各样的问题。有人问黄苗子先生对目前书坛状况的看法,他说:"名气大的不一定就好,有些真正有本事的却不一定广为人知,比如苏州有位老先生沈子丞……"黄苗子接着对沈老的书画艺术极口称赞。我正好在旁边,就接口说:"沈老我很熟悉,他不久前还被请到颐和园创作书画。"黄苗子先生说:"是我向文化部推荐的。一次我和几位朋友到苏州虎丘,在山顶致爽阁见到正中挂了一副大对联'花逢微雨好,山爱夕阳红',大家驻足观赏了很久。于是去寻访、会晤了沈老,他的艺术造诣确实高。"

翌年,苏州市工艺美术学会成立,沈老任理事,并被上海市市长汪道涵聘为上海市文史研究馆馆员。沈老数十年前编著的一些书陆续再版,不久又分别在上海、苏州、桐乡、香港、新加坡等地举办书画展,出版了《沈子丞书画集》,作品广为书画刊物登载,一时荣誉交臻,名声日隆。1983年秋,我从南京大学调至苏州大学，沈老也一直寓居苏州，每年我去看望他一两次。1996年6月5日，沈老因病去世，享年93岁。我夫妇得讣闻即赶去吊唁，献上花篮一只，追悼会上作挽联一副："东台曾蒙教泽，而今哲叟沦西界；南国长留丹青，当世画坛仰北辰。"

古薇山房笔记——沈子丞

沈子丞先生前辈，嘉兴人。中年后流寓苏州，一度别署柳鲦。以画名闻中外。书法亦独绝。用小笔，作浓淡墨。字小，则纯用中锋；若大字，则卧笔疾扫，翻腕转指，以就其锋，奋起发力，顿驻蓄势，合于桑林之舞。尚自谦为画字。其谙熟用笔理趣，又善用水墨，结字修短大小，随机应变，章法虚实调合，游刃有余，故不同凡俗。先生晚年耳聋，喜清静，厌喧嚣，号听蛙翁，反其意也。享年九十又三。吊唁时，余献花篮，并作挽联云："东台曾蒙教泽，而今哲叟沦西界；南国长留丹青，当世画坛仰北辰。"又为先生墓碑书丹。

庚寅新春于香溪，人德年六十四。

沈子丞先生前輩嘉興人中年後流寓蘇州一度別署聊蘇以蓋名聞中外書法尤獨絕用小筆作濃淡墨字小則純用中鋒若大字則卧筆疾掃翻腕轉指以就其鋒奮起陡力稍駐蓄勢合於茶林之舞而自謂為墨字其詩熱用筆理趣又善用水墨結字備起大小隨機產變章法屢盡調合游刃有餘故不同凡俗 先生晚年耳聾喜清靜厭喧囂騎蛙蜀及其意也辛年九十又三甲辰時余獻花籃並作輓聯云東臺曾蒙教澤而今話壹淪西界南國長留丹青當世畫壇仰北辰又為先生墓碑書丹

庚寅新春於香溪 人經年六十四

萧退庵先生的晚年生活

华人德

1986年,《中国书法》杂志复刊(以前只出了一期创刊号就停了)。主编写信来要我写一篇关于萧退庵的文章,放在"现代名家"栏里,而且催得很急,要在第二期上发表。那时我已调到苏州大学工作,我先去找王能父先生。他回忆了一些对萧退庵先生印象较深的事,并找出一封萧先生的信和一张名片,信的开头称"能父学弟"。王先生笑着说:"你看,萧先生是认可我这个学生的。"萧先生名片背面是他亲笔所写:能父处四万(旧版),数日缴,请为致声。这是萧先生晚年借了四元钱,一时还不出,请人带来的便条。我隐隐感觉到这位未见过的太老师晚年的窘困了。我问萧先生是怎么去世的,王先生迟疑了一会说:"是饿死的。"他接着还说:"当我得知萧先生躺在床上,还特地买了只蹄髈,红烧了装在篮里提去看望他。萧先生很高兴，还坐起来，吃了半只，没几天就过世了。萧先生的事我知道得不多，曼公和他接触最多，你可以去找他谈谈。"

我到沙曼翁先生家，谈起来意，因为文章是投到书法刊物里去的，所以沙老主要是谈一些与萧先生书法有关的事，当然也讲到一些他晚年的事，沙老讲："新中国成立后，我在上海工作，薪水有一百多。每月定期要回苏州家里来，也总要去看看萧先生，再贴补些钱给他。1957年左右，我被打成右派，到太仓窑厂劳动，工资也减了，家里人口多，自顾不暇，萧先生那里也就不贴钱了。"沙老记得很清楚，萧先生是1958年农历四月初八去世的，享年83岁。

沙老还拿出一份金立初先生写的《萧退闇先生传》，这是一份用圆珠笔写在格子稿纸上的手稿，给我写文章参考。手稿很简练，是文言文，只有两页纸。文章写好后，我取名《记萧退庵老师及其书法》，署名沙曼翁、华人德。我还选了萧先生的书论二则，以及一些作品，其中就有那封信和名片。同栏目还有柳诒徵先生的长孙柳曾符写的一篇《江南大书法家萧退庵》。

关于萧先生晚年生活，我在《记萧退庵老师及其书法》一文中曾写道：

晚年老师辟谷养生，慕陶渊明、苏东坡、傅青主为人，戴乌帽、披玄氅、衣僧衣，雨天一箬笠，常挎一书囊，盛笔墨纸书，胸前挂弟子邓散木所刻"本无"羊脂玉印一枚、胡须梳一把、门钥匙一个，行路叮当，如鸣佩环。便溺时失禁，社会活动均以此辞。……恒贫困，茶酒值多赊欠，递一名片，背面记酒一斤若干钱，茶一壶若干钱云云，号为支票，偿还时取回。居圆通寺庙产房，妻、子皆病瘵，逋租积岁，环堵萧然。故友门生闻其绝粮，辄携酒食相过从，老师欣然尽觞，醉吟诗篇，琅然金石声达于户外，听者神往。曾将赵古泥所刻朱文"江南萧氏"、白文"退闇一字蜕公"对章，铜印"退闇"质典，每方得值六元，以救窘乏。后为长子茂硕赎回，恐其岳丈所镌印复散失，深藏勿予。

这段话把萧先生写得飘飘欲仙，像五柳先生，我自己也觉得不真实。

萧先生父、祖三世皆行医为业，他自己早年又在无锡从名医张聿青受脉诀，懂医术。晚年学辟谷，以求轻身长生。辟谷，首先要不食五谷，还要兼服一些药，并作导引。萧先生常便漏，不吃粮食，污秽可少些；还有一个重要原因，他常常有一顿无一顿，不如索性辟谷，但是挨饿太难受了，体力也没有。有学生、朋友送鱼肉来看他，他总是大吃一顿，解嘲说是服药。

萧先生有子二人，长子名玫，字茂硕，亦工书，兼治印，娶常熟著名篆刻家赵古泥女儿赵林，后离婚。茂硕精神有些不正常，又患肺病，萧先生偶有润笔，常被他取去用掉。父亲去世后，他穷困没有任何依靠，不久也死了。次子因不与父母生活在一起，不知其情况。

最后我要写一段史实，这是回忆，介绍或研究萧退庵的文章中没有涉及的。

1997年1月，我才五十岁，破格被郑斯林省长聘为江苏省文史研究馆馆员。文史馆聘馆员是终身的，年龄须在六十岁以上，故我在十多年间一直是最年轻的一位，也以此为荣。王能父先生得知我被聘为馆员，就讲起萧先生也曾被聘为省文史馆馆员。这十多年间，省文史馆出纪念册、书画集、论文集等多种，但在历年受聘馆员名录和书画作品中均没有萧先生，为此我询问过文史馆有关人员，对方说萧退庵聘而未就。最近我请人查了省文史馆档案，并结合有关材料，对此事做一简要披露：

中华人民共和国成立初，在毛泽东主席的关心下，明确由周恩来总理领导，责成有关负责人筹办中央文史馆。毛泽东推荐符定一先生出任第一任馆长。符定一，字宇澄，湖南湘潭人，是毛泽东在湖南省公立高等中学时的老师，语言文字学家。他是发现毛泽东是有用之材的第一人，在建党初期，曾营救过毛泽东，晚年又参加过反蒋斗争。毛泽东对这位老师非常敬重。符、毛二人在讨论聘任馆员对象时，符认为要考虑到"文、老、贫",毛又说,"还有德、才、望"。当时北京客居了一大批名望高、年纪大的文化人士,他们在政治上彷徨,生活上无着落,有的甚至到了乞讨的地步,迫切盼望政府予以救济,也希望能为社会做一些事。符定一曾写信给毛主席,如实反映了这些情况,并催请早日成立文史研究馆。毛泽东对信作了批示:"请齐燕铭同志办。生计太困难者,先行接济,不使挨饿。"批示不到一个月,于1951年7月29日,中央人民政府政务院文史研究馆正式挂牌。一年多后,各省、自治区、直辖市仿照中央馆的模式也相继成立了文史研究馆。文史研究馆是敬老崇文的机构。馆员有一定的政治地位,生活上由政府发给津贴,享受终身,可以做一些适合自己专长的工作。

江苏省文史研究馆曾在1953年上半年对各地推荐的一些贫困的老文化人做了调查,一份人员简表上对萧退庵各栏情况填写如下,年龄:78。籍贯:苏州。性别:男。履历:曾在常熟担任过教师,擅长书法。目前情况:共三人,靠卖字度日。我们意见:服务教育多年,文学上有威望,经调查符合条件。通讯处:苏州阔家头巷底。拟发薪金:40(万元)。不久,省政府就发出聘请通知书,文曰:"兹聘请萧退庵先生为江苏省文史研究馆馆员。薪给自1953年6月份起,每月按肆拾万元发给(由本府办公厅按月发给)。如前曾领其他补助费,自领薪月份起即停止。如有兼职，亦不再兼薪。此致 萧退庵先生 江苏省人民政府1953年2日苏办（秘）字875号，注意复函请注明发文字号。"

到了1953年6月26日，苏州市人民政府文教局即向江苏省人民政府办公厅发去了一封公函。由时任文教局局长的谢孝思先生工楷书写，内容摘录如下："……经将馆员通知书分别按住址发出，并将六月份薪给致送。惟其中萧退庵一名，我们将通知送去时，其家人托言萧已病在医院，拒不接受。六月十五日更接其子函，称萧老病不堪任事，并将通知书退回。如此态度，殊有违我人民政府敬老之旨。因将以上情况请示市长，转市委统战部会同研究，一致认为萧本人既坚决不同意，亦不必过于勉强。为特将原通知书苏办（秘）字第八七五号一件退回你厅，请予查收。至于原拟致送萧之六月份薪金四十万元，现暂存我局，应以何种手续退回，并希见复。苏州市人民政府文教局局长谢孝思（盖章）"。

其他同时拿到馆员通知书的林文钧、姚宣素、陈懋烈、陈墨移均应聘，各领到40万元。老版人民币不久按10000比1换成新版人民币。老币40万元虽相当于新币40元，但那时物价低而稳定，每月有40元钱供三人生活，即使不卖字也完全可以免受冻饿之苦，房租也可交清。

萧先生父子竟拒聘而却金，他是不食周粟，还是视此为嗟来之食，抑或是不愿参加学习、开会，接受思想改造呢？我不敢妄加揣测。但是这一行为，显然被相关领导干部看成是对人民政府有抵触情绪，以后也不再在生活上对他们有更多的关心了。

萧先生晚年生活费用的来源主要还是卖字。在20世纪50年代，人们都是低收入，省吃俭用，思想上被要求进步，接受改造，争取脱胎换骨，文化艺术方面的消费很少，因此萧先生赖以度日的字卖不出去。我曾听程质清前辈讲，他有次介绍一个人要萧先生写张扇面，才一元五角钱，萧先生拿到润笔，居然还再三谢他。

我在省文史馆档案里还见到了一份1955年省一届三次人代会情况反映，移录如下：

钱自严说："知识分子改造，有人主张多组织参观，我却认为应多开会。请年老的知识分子列席旁听，要他们发言是有困难的，因为他们接触新事物很少，旁听给他们益处很大，我记得苏州有一个姓萧的，他的字写得很好，开始要他参加学习，他拒绝了，后来请他旁听，他听了多次，有了收益，现在听说很进步。组织开会旁听对知识分子改造是一个好办法。"

钱自严，字崇威，吴江人，清光绪间进士，入翰林，曾留学德国，江苏省文史馆第二任馆长。钱自严讲的"苏州有一个姓萧的，字写得很好"，萧退庵先生有个弟弟，名蛊友，擅分隶，造诣甚深，中年即谢世了。因此这个"姓萧的"必是指萧退庵。但是通过多次旁听开会，就有收益，会很进步，根据萧先生的晚年状况，以及他的个性，一个八十岁的老人旁听了几次，就会被改造过来？我想不会。

虞山萧退庵先生，早年入南社，任教于爱国女学，意气风发。中年奉佛，修居士行，并以鬻字为生。精各体书，名闻海内。周甲后来苏，住南园圆通寺。常披黑斗篷，肩垂一布囊，中具笔印之属，行走作佩环鸣。时至酒肆茶馆，多赊欠，偶得润笔，即偿还。暮年贫病，尝行辟谷，卒以饥馑死，悲夫！

己丑岁寒，于灵岩东麓，人德。

雲山蕭退庵先生早年入南社任教於愛國女學意氣風發中年奉佛偶居士行并以鬻字為生精多體書名聞海内週甲後來蘇住南園圓通寺常披黑斗篷肩垂一布橐中具筆印之屬行走作佩環鳴時至酒肆茶館多睦欠偶得潤筆即償還暮年貧病嘗行脚以鬻鐙永悲夫

己丑歲寒於靈巖東麓人徑 德記

沙曼翁先生写字，把笔轻灵，运笔便捷，并不信通身力到之说，常用侧锋取势，善用水墨。其篆书，在继承萧退庵先生结构基础上有所改变。运笔中侧互用，线条粗细提按略有变化，笔势呼应，枯湿相辉，静中有动，平中求奇，迈越清代以来名家。写甲骨，将黍米大小之契文放大数十百倍，不一味模仿刀刻，用笔挺劲，充分表现线条之弹性与韧性而不流滑，并有枯湿浓淡变化而传其神。其汉简书体之创作，更得风气之先，又迥出侪类之上也。

庚寅岁中秋，人德于古薇山房

沙曼翁

华人德

　　2009年11月，我在云南采风，有消息传来，沙曼翁先生评上"中国书法兰亭奖终身成就奖"，而且是获得全票。我知道后十分高兴，一点也不觉得意外，由苏州市书协派人去整理材料并填表申报，这是书协理应为老一辈书法家做的一件事。上报后能否评上，我头脑里从未有过悬念。至今苏州已获得十个"兰亭奖"，而且理论、创作、教育、编辑出版、终身成就五个奖项都全了，是个名副其实的"五项全能城市"！

1975年前后我在东台工艺厂工作，师王能父先生和沙老时有通信，王老比沙老大一岁，王老拿出一张二人年轻时的合影，讲起他们二人曾结金兰的过往。沙老有时在信中会附来他的书法篆刻近作，王老也会拿给我看。其时沙老六十岁左右，已退休在家，人较空闲，正是创作的黄金岁月，纵笔多写汉简书体，还以简牍书入印。由于汉简牍书体在当时还很少有人写，也很少能见到有清晰的原件影印图版，书法家中来楚生较早用这种书体进行创作，写得极有神采，而沙老的汉简隶书写得更活泼，用笔不质实，也不拘成式，应在来楚生之上。我看到这些字大为惊异，也许是王老曾在通信时对我有所介绍，并提起我对他书印的倾慕，所以沙老寄给过我几副对联，写的都是汉简体。这几副对联，我一直都珍藏着。王老是这么评价沙老的书印的，他说："曼公的印当今可推第一，边款也大气。字我不敢说，当今尚多高手。"

没过一两年我考上北京大学，离开了东台。到北大不久，学校里的教工成立了燕园书画会,少数几位字写得好的学生常被通知去参加他们的活动。北京的书画家时有请来笔会,日本书法代表团也经常来北大交流。暑假开学回校时,我就将收藏的沙老、王老的字都带去,活动时就拿去让大家观赏。书画会的有些老师和职工十分钦佩二老,有位年轻职工还就此喜欢上了汉隶,并加以钻研。当然也有教授看了不置可否。我想一种风格不可能都合每个的胃口,各有所爱是正常的。一次,我带了王老、沙老的字去琉璃厂,跑进荣宝斋就直上二楼,店员见我胸前有北京大学的校徽,并不阻拦。我进了一间房间,说要找负责人,一位中年人很客气地接待了我,此人叫米景阳。我说我是江南人,有两位老先生是我的老师,我带来了他们的字,以后能否和他们建立寄售或收购的关系。米景阳将我带去的几副小对联细细看过,说:"这两位老先生的字都写得很好,北方找不到这样水平的人。"我问:"像这种四尺开三的对联,每副的收购价是多少?"他说:"荣宝斋主要经营画,要字的客户很少,所以基本上不收购。这样的对联只能出到十五元一副。"我在北大读书,拿最高助学金,每月十九块五毛,这点钱在那时光伙食费和买日用品也够了,但是我觉得出的价也太低了。他看我的脸有惊讶之色,就接着讲:"是呀!实在太低了点。我告诉你,北京的许麟庐,是齐白石的弟子,我们都老关系了,一幅画的收购价才四五十元。这样吧,如果两位老先生愿意,先各寄十副这样的对联来,字收到,我即汇钱过去,如销路好,以后再逐步调整。"我将这些原话都写信告诉了王老和沙老,二老都将字寄到了荣宝斋。我觉得自己算为二位老先生也做了点事。半年后,我暑假回南方,那时下放知青都已返城,我妻子也早回到苏州,并有了工作。因此我假期在苏州住的时间多,会常去拜访沙老。我问起他与荣宝斋是否有联系,他说,现在润格已是五十元一方尺了。我想,照此润格,自然不会再寄字到荣宝斋去了,也不再多问。20世纪80年代初,《书法》杂志组织了一次群众书法大赛,评选出了十位获奖者,沙老也在其中,写的是一副甲骨文集联,两边题了长款。以前有些书家、学者也有写甲骨文的作品,大多是描摹字形,工整有余,灵气不足。沙老的甲骨文墨色略显浓淡,参用枯笔,瘦劲洒脱,遗貌取神,面目一新。这次大赛,是书坛第一次举办公共展赛,所以大家的印象尤为深刻,顿时声誉鹊起,求字者盈门,沙老的润格自然也不断上涨。那时真正出钱买字的还很少,大多是送些礼品。订立润格不过是抵挡过度应酬和滥写的一种办法。我在读书和刚工作的那几年十分贫困,每次去看望沙老几乎都是空手去的,而沙老却常给我字,并刻了好多方印,这些印我至今仍常用。有次我去他家,沙师母说:"沙老到姚世英家吃茶去了,看来一时不会回转,你去找他好了,就在言桥下,离这里不远。"我从碧凤坊沙老家出来,很快就到姚宅。大门开着,里面高朋满座,我倒不好意思进去了,沙老看见我在门口,就叫我进去,并一一介绍,在座的都是苏州名流,张继馨先生正在挥毫作画,沙老要张先生也为我画一幅,我想这样太唐突了,连声说:"不能要,不能要。"但是张先生已将一张现成裁好的方纸牵过去,顺手画了几桩水仙,落了个穷款,递给沙老,说:"上边的空白就由你去题吧。"沙老将画收了起来。在我再一次去他家时,他已题好,用小楷题了一百多字,将画交给我。

20世纪90年代中期,书画活动十分频繁。对于一位八十岁左右的老人来说,应酬多了会感到身心疲惫,沙老的性格好静,因此,许多活动能推则推。但是每个活动都想将名家请到场,当然更希望的是能留下名家的墨宝,而且越多越好。一次,有人上门请沙老出场参加一个慰问活动,沙老答应提供一幅作品,但是不在现场挥毫。那位秘书承诺了。到现场后,主办方又提出要沙老写幅字送给即将调任的一位领导。沙老不愿意,说:"我的字有润格,三千元一方尺。"不料这句话惹出了一番口舌。我想沙老没错,是对方违背了承诺,而沙老是出于个人的尊严,也是出于艺术的尊严,才说出这话的。那时沙老的润格每方尺三千元,在书画市场确实算贵了。但是没几年,沙老书法作品的润格以及拍卖会的成交价,就升到一万元一方尺了。古人有言:"精金美玉,市有定价。"当前,在一些媒体上常能见到书画家所订的润格,高于这个数的也不少,情况甚复杂,我就不一一具言所闻了。但是我可以说,沙老和那些人相比,字的艺术性价比是最高的。史学家王仲荦对上古到宋代的物价资料做了搜集和考辨,写了本《金泥玉屑丛考》,以后若有人写续补之作,或可将上面文章采择,让后人了解改革开放时期一个书法艺术家润格之快速递增,当然不要忘记了物价指数的不断上涨。"君子何必曰利?"这就是我"曰利"的缘由。

沙老对人用"青白眼",说话直率,容易得罪人。我曾听他讲过,他在1957年被打成"右派",是因为说了两句话,我只记得其中一句了,说的是"现在的油条,越汆越小了"。我想这种无关痛痒的话并不是对某个人讲的,可能以前就得罪了某些领导,以此为由头,扣个帽子,将其赶出上海,到太仓窑厂做重体力活,其工资也从一百多跌到难以养家糊口。但是沙老吃过苦头,讲话的艺术并没有长进。1988年,北京大学、山东大学、南京大学、苏州大学、杭州大学五校书法联展在苏大举办,北大来的一位教授和一位青年职员我都熟识,开幕式过后,他们慕名去拜访沙老,要我作陪。到沙老家,我分别作了介绍,落座后,两位来客拿出自己带来的字请沙老指教。沙老看后,对教授讲："你的字有点像河南陈天然。"意思是粗黑浑浊，这类大花脸风格的字在北方较盛行，但苏州人不甚喜欢，沙老当然也不喜欢。那位年轻人的字虽嫩些，但气息古雅，沙老看了大为赞赏，于是就只顾和年轻人交谈，还答应要写张字送他。那位教授因沙老将他的字比作某位当代书家，虽不甚明了其真正含义，但已感到跌了身价，过后又被晾在一边，坐了一会，就起身告辞，回来时一路发脾气，连我也觉得无趣。

老一辈的一些书家，个性有的圆融，有的通达，沙老则宁可得罪，不说假话，"峣峣者易折"，古语总有其道理吧！

沙老的书法，除了草书未见，其他书体皆造诣精深，各有特出之处，作为后辈，不可妄定甲乙。我只是将一些独到而胜人的地方谈一下自己的看法。沙老写字把笔轻灵，运笔便捷，并不信通身力到之说，也不执着笔笔中锋，常用侧锋取势，并求变化，善用水墨。时人评价其篆书成就最高。小篆最难变化，李斯所书秦刻石婉转匀称，而后许慎撰《说文解字》，点画皆有规范，故两千年来，作篆书者非玉箸即铁线，循规蹈矩，不敢越雷池一步。后世虽有写草篆者，欲破其法，多半为野狐参禅。沙老的小篆在继承萧退庵先生篆书结构的基础上有所改变，运笔中侧互用，线条粗细略有提按变化，笔势呼应，枯湿映衬，让人感觉静中有动，平中求奇，迈越清代以来名家。沙老写甲骨文将黍米大小的契文放大数百倍，不一味模仿刀刻味，用笔挺劲，充分表现线条的弹性和韧性而不流滑，并有枯湿浓淡变化，犹如齐白石画虾，虽与真虾不全形似，而能传其神。沙老写汉简风格的字，我在前面已提到过。汉代简牍是汉代人留下的毛笔书写的原迹，现在汉代简牍影印的出版物很多，也都很清晰，还有将小指宽的竹木简放大，以便临写。20 世纪 70 年代，汉简的出版物极少，在图书馆可以看到一本中国科学院考古研究所出的《居延汉简甲编》，1959 年由科学出版社出版，那时还没有红外线显示仪这样的先进设备来拍摄，只是根据学者劳榦在 20 世纪 30 年代保存下来的一部分反转片来制版，字迹较模糊，纸张也粗糙，像雾里看花。我想沙老可能就是参照的这本书，后来一问沙老，果然是这本书，他是从旧书店里买到的。沙老谙熟篆法，又有深厚的临写汉碑功底，故他对汉简书体的理解犹如轻车熟路，加上他艺术感悟的灵气，使他在汉简书体的创作上得风气之先，又迥出侪类之上。

沙曼翁先生寫字把筆輕靈運筆便捷并不信通身力到之説常用側鋒取勢善用水墨其篆書在繼承蕭退闇先生結構基礎上有所改變運筆中側並用繚絲鷹細提按署有變化筆勢呼應極温相煇靜中有動平中求奇邁越清代以來名家寫甲骨將秦漢小之契文敦大戳十百倍不一味模仿刀刻用筆挺勁充分表現繚絲之陣性與韻性而不流滑并有杜遏濃淡變化而傳其神其漢簡書體之劍作更得風氣之先又迥出儕類之上也康寅歲中秋人徳於古嚴山房

天保九如

华人德

天保定尔,以莫不兴。如山如阜,如冈如陵。如川之方至,以莫不增。如月之恒,如日之升。如南山之寿,不骞不崩。如松柏之茂,无不尔或承。充和先生明年九十九岁,寿臻期颐。

庚寅岁初冬,人德书以祝颂

为张充和先生办展览

记得在 2002 年秋天,老友白谦慎从美国打电话来,讲起要为张充和先生办书画个展。起源是一些朋友后辈在一起背着她商议,张先生九十岁生日时,要为她办个小型的展览,每人当场捐一百美元,多出不要。展览地点是北京和苏州。北京是张先生读大学的地方,苏州是她少年时代度过的地方。展览在第二年春夏之交举办,正好张先生九十周岁。北京方面由唐吟方负责,苏州方面由我负责。策划人列四位,分别是白谦慎(波士顿大学)、王如骏(耶鲁大学)、唐吟方(《收藏家》杂志)、华人德(苏州大学)。白谦慎怕我不高兴,解释说:"我们按参与先后来排名的,你名气大,放在最后,对其他三位也有衬托,想来你不会不同意的。"我说:"我哪来意见,这样蛮好。就是几千元,怎么办展览?现在办展览,没有几万、几十万办不起来!"白谦慎每年都回大陆来,国内的规矩和行情他都知道,他说:"几千元够了,印两千份小的拉页展览说明,兼当请柬,不请客吃饭,不给出场费,作品也只选二三十件,借个小展厅,能免费最好,请的人想来则来,大家凑个热闹而已,张见过的世面可大了,她不会计较排场的。"在国外,不问尊卑长幼,当面也是直呼名字的。既然按国外的规矩办,也好,就这么敲定了。我也提前落实将展览安排在苏州市图书馆举办。

翌年春天,离预定展出日期越来越近了。我也无办个展的经验,自己虽快六十了,怕操心,从未想过要给自己办个展,帮别人办,更怕出纰漏。不料,四月初,白谦慎又来电话,说:"最近在流行一种可怕的传染病,美国叫SARS,已有很多人得这病不治身亡了。我们不来了,展览只能推迟或取消。"这话就像天青日白说下大雨了,谁信!国内平静得很。我说:"我在这里怎么就一点不知道？我好不容易把展览地点落实了，就在市中心，轻易无故推迟和取消都要失信于人。以后再联系就难了。"但是静下心来，我似乎听到天边已有殷殷的轻雷声。报上没有任何消息说有疫情，只是不久前，南方有些省份人们在抢购食醋和板蓝根冲剂等，报纸上要大家不要轻信谣言。三月下旬，我曾为我参与撰写的《中国书法史》七卷本，到北京去出席首发式新闻发布会。会上，一位朋友对我讲，这些天，北京在流行一种怪病，传染得很快，人多的地方尽量不要去。我住的地方靠近什刹海，我还是到前后海走了一遭，银锭桥畔十分热闹，一些即将开张的茶楼、咖啡厅都在赶着装修，一派升平景象。但是暴风雨说来就来了。就在白谦慎来了电话两三天后，中央电视台现场播放记者招待会，卫生部部长张文康答记者问时，还在闪烁其词。但是紧接着上面就有文件下达，说明疫情的严重性，并采取各种措施，对感染者和疑似者进行隔离，要求停止各类会议和活动等，全国一下子都像按了暂停键。这时倒像在家中望着窗外，雷电交加，大雨倾盆，我有约不赴，就有理由了。这场疫情，国内叫"非典型性肺炎"，简称"非典"，拖了半年多。转眼又进入 2004 年，张先生也从实足九十岁，成为实足九十一岁。展览自然也不能再以九十岁的名义办了。

在苏州展览的地点换了。是张充和先生的亲属联系的，在戏曲博物馆，馆长对张先生的展览筹办十分热心。我有时也走过中张家巷，那时平江路还没有改造为旅游景区，戏曲博物馆在深巷内，总有清幽冷落之感，我担心看展览的人不多。但是里面庭院很大，张家四姊妹都喜爱和擅长昆曲，戏曲界朋友和爱好者也很多，本来这次展览，张先生的目的就是"藉以会亲友"。展览开幕前一天，我去现场看了一遍。展览是我的两位学生去布置的。我不过动动嘴，稍作调整而已。一切都就绪了，展览也确实简单之极，大门内摆放了一些祝贺的花篮，展室在门厅西侧厢房，共两间，作品不多，幅式也不大。挂轴都在墙上，册页和手卷则放在展柜中，作品以小楷为主，简劲淡雅，气韵直追晋唐。有一件临孙过庭《书谱》整卷，我曾见过两卷，卷末分别题有第九十九通和第一百通，由我的一位美国学生薄英和老友白谦慎各自取去珍藏。所展为第一百通，尚有扇面和昆曲谱子册页，即工尺谱，在唱词旁注上斜着写的音符。张先生的工尺谱全为亲手抄写，板眼符号用红色标上，朱黛犁然，十分别致。行草书与乃师沈尹默先生近似，婉转流畅。画亦小幅，着笔不多，纤尘不染。最引人注目的是一幅《仕女图》，也是她平生所作唯一的一件人物画，仕女手抱琵琶，双目微合，凝神静思。诗塘是由郑泉白书写的《玉茗堂·拾画》三阕，书、画均作于 1944 年，画的周围有沈尹默、章士钊、汪东、乔大壮、姚鹓雏、潘伯鹰等人题跋。1999 年，我到美国普林斯顿大学参加一个学术会议，会后与白谦慎去波士顿，至耶鲁大学拜访了张先生，她的客厅里就挂着这幅画，她指着画讲："这幅画是偶然画成，既失而复得，说来话长了。"我也没有细问。我在两位学生的陪同下，细细看了这展览，就像在书斋里与二三子展卷玩赏，从容而闲适。

第二天上午，展览开幕，我提前一个多小时到戏曲博物馆，门口熙熙攘攘，展室里也挤满了人，我一一和熟人朋友打招呼，穿过大院，走到大厅，见张先生坐着，四周围满了人，纷纷上前照相。我看到张先生旁边有亲属小辈在照应，也就打个招呼离开了。看到庭院复廊上有两位上海朋友，就一起到楼上坐下喝茶。到十点左右，话筒里报名字，要嘉宾到大厅前石台上去，听到报我名字我就赶紧下楼来。开幕式轮流讲话差不多有半个小时，中秋的太阳尚有余威，将庭院中台上台下的人都晒得直冒汗，我端张椅子想让张先生坐着，她不要。旁边朋友和我轻声讲，刚才她还在大厅里吹笛子，足足有二十分钟。我一听大为惊讶，一个九十多岁的老太太，竟有这么好的中气，同时也后悔自己走开没听到。

中午时分，我们看到老太太前簇后拥，同几个朋友吃饭去了。白谦慎曾和我讲起张充和十分羡慕几年前沧浪书社在太湖边开"兰亭会议",并泛舟太湖。我们让老太太在家休息一天,然后以沧浪书社的名义邀请游湖,由社员张少怡安排。

那天,在苏州的沧浪书社社员基本都到了,老太太也带了三位外地来的亲戚,年纪也都八九十了。游船是艘机动的画舫,行到湖中,感觉有点风浪,张先生在舱里嫌看景色有遮挡,要到船顶上去,我们怕有闪失,劝她不要去,她说:"无妨,我小时候最爱爬树,不用担心。"她执意要上去。两位年轻人先上,扶梯很狭小,老太太很轻松地就上去了,她的三位亲戚也颤巍巍跟了上去。过了一会,我不见他们下来,也就爬上船顶。只见张先生手凭栏杆,在看湖景,身后两位老太太一个拉着一个衣角,生怕意外。我想几位老人久别后看着家乡的湖山,一定是非常留恋的。

中午在木渎吃饭,饭店在我住的小区对面。菜很大众,张先生胃口很好,吃到鹅血汤,添了两次。在国外,吃肥鹅肝很普通,鹅血汤可吃不到。点心是印度飞饼,张先生也很喜欢,吃完饭下楼,在店堂里看到在现做飞饼,厨师带着白色的高帽,面饼在头顶上飞舞,越甩越薄,张先生觉得有趣,站在旁边问,这是做什么?我告诉她说,这就是吃饭时上的点心,叫印度飞饼。她看完,请厨师再从头开始做一个,直到这个做好才离开。

到我家,在花园绕着鱼池走了两圈,又到吊椅上荡起秋千来。我沏好茶,请他们到客厅休息一会,这些老人可能有午休的习惯,就婉辞回城了。

两年后,白谦慎又来电话告诉我,西雅图博物馆也为张充和举办了书画展览。比尔·盖茨用私人专机将张先生从美国东部接到西雅图,开幕式时到场有两百余人。当天,比尔·盖茨设家宴招待张先生,白谦慎也出席了。又过了三年,2009年3月23日,苏州作为中国书法家协会第一个命名的"中国书法名城",在中国美术馆举办了"吴门书道"展览,展出书法作品180件,展出有特邀作者、参展作者、已故作者的作品,分别以年岁为序。步入展厅,右首第一幅,即是张充和的小楷。这幅作品,在《吴门书道——中国书法名城苏州书法作品集》中也是列于首页。同年4月13日至5月29日,耶鲁大学为庆祝张先生96岁生日(西方都是以足岁记的),同时也为表彰她对耶鲁所做的贡献,隆重举办了"张充和题字选集书法展览"。白谦慎编的《张充和诗书画选》由生活·读书·新知三联书店出版,印刷十分精致,扉页有余英时题签,并作长序。书中除收书画作品之外,还有多篇诗文,附录中有文两篇,其一为《从洗砚说起——纪念沈尹默师》,其二为《〈仕女图〉始末》。那幅十余年前就在她家客厅中看到的《仕女图》,我当时未聆听到有关这幅画的故事。我现在捧着书细细读着其"始末",委婉而动人。感叹此画未成劫灰,当有神物呵护。

2011年,张充和先生99岁,寿臻期颐。先生祖籍安徽合肥,生于上海,少年时生活在苏州九如巷。今以《诗·小雅·天保》祝颂:"天保定尔,以莫不兴。如山如阜,如冈如陵。如川之方至,以莫不增。如月之恒,如日之升。如南山之寿,不骞不崩。如松柏之茂,无不尔或承。"

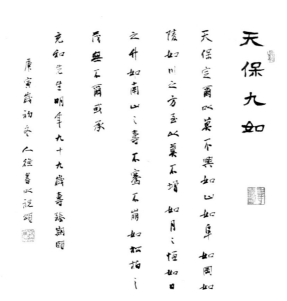

芝兰堂闲话（一）

王锡麒／陶立

陶立（以下简称"陶"）：王老师，我在学习评弹，现在是青年评弹演员，再过十来年二三十年就是说书先生。评弹主要的题材全是从前旧事，我不要说没有经历，听说过的也不多，所以要向您请教。网上有一个您弹唱《密室相会》的视频，您是著名画家，评弹也弹唱得字正腔圆，倒是十分有意思。

王锡麒（以下简称"王"）：我也是一个评弹爱好者，评弹圈子里熟悉的朋

友不少,比如黄异庵,那时候西美巷有两个做古董的,请他吃饭,他会叫我一起。

陶:那时候黄异庵先生已经从青海回来了吗?他到青海前您熟悉吗?

王:不熟悉的,他落魄了才熟悉,我喜欢找冷着的,不喜欢热着的,我喜欢和失意的人做朋友,失意的人知晓人情冷暖,知道苦,得意的人就不知道了。有种人喜欢趋炎附势,春风得意,我不喜欢锦上添花,我是三餐果腹,一饭铭恩。

陶:您平时私交最好、最谈得来的评弹演员是谁?

王:还是黄异庵,可以和他推心置腹。他失意了,只有失意了才能推心置腹。

陶:您那时候天天听评弹吗?是去书场里听书?

王:不是的,评弹有时候也有庸俗的地方,不皆为高雅之物,有时候也是瞎搞。好的说书先生,往往要根据人物身份,决定说话的口气、表演的动作,比如一员大将,演成屠夫了怎么行?现在的评弹,底蕴比以前差了些,说书不靠喉咙响,没有内涵不行,倘使光光喉咙响,我就不要听了。外行人不知道,以前说书先生的门槛都得是炉火纯青,那时候大年小夜说会书,像张鉴庭上台,眼镜摘下来,放在台上,他根本没出声,就嘴上动,因为下面喧哗,人家一听,你在说什么,就静下来了。

等人家静下来,他再出声,跑上来半分钟,就只是嘴动,只见嘴动不闻其声,这就是门槛了。出声也是轻悄悄,讲究曲径通幽处,没有喉咙三板响的,这个不含蓄。

陶:我曾经听您说起过,和金声伯老师也有交往。

王:金声伯啊,我们是志同道合的吃客。我记得有一次我们几个老饕一起去石家饭店,吃了一个菜,原材物料实在难求,吃的什么呢?叫甲鱼卷,甲鱼裙边要两寸多长才能做,把甲鱼裙边拿下来,再一剖两,卷起来,当中放冬笋丝、火腿丝、鸡丝、香菇丝等,卷在里面,外面拿绳子绑好,放在油里煎,再焖一焖,转红拿出来,上浆头。这道菜只有太湖地域能尝到,我们也只吃过一次。也是一礼拜前约好的,果然非同一般,齿颊留香,忘不掉,这道菜足以传世,实在是食料难求,我至今都没有忘记。

陶:王老师说到美食容光焕发,这个话题是不是更对您思路?

王:现在真是条件好,以前能吃饱肚皮已经是中了上上签了,夫复何求?

陶:王老师是什么时候对美食开始情有独钟的?

王:我五六岁开始知道品,五六岁之前香臭不分,后来渐入佳境。说起来倒是王好人把我带出道的。我五六岁开始跟了他，吃到不少好东西，终生难忘。

陶：王好人就是您爷爷？

王：是的，从前苏州东半城都知道他，就是娄门下来的东半城，他乐善好施，虽然那时候生活并不富裕，穷苦人家来借钱，他总是慷慨解囊，钱不多但总能使别人吃几顿饭，出名的王好人。

陶：您跟着王好人吃到印象最深刻的东西是什么呢？

王：水鸟，太湖旁边的水鸟，农民用猎枪打下来的水鸟，我最喜欢。有一种鸟叫水葫芦，比野鸭小，咕隆就钻水下去了，咕隆一下就出来，灰色的。我最喜欢章鸡，浑身墨黑，比鸡小点，鼻子上面到脑门上有一条白筋，雪白。

陶：这种东西那时候怎么吃呢？

王：章鸡好在哪里？它的肉入骨鲜、老、嚼劲好，章鸡的肉特别有嚼劲，鲜味也是特别的，野味的鲜和家味的鲜迥然有别。怎么吃？章鸡打成薄片，要高温的油锅，缸里腌的雪里蕻，要又黄又绿的，拿上来切小，火候一定要正好，章鸡片拿来锅里一爆，雪菜章鸡片。

陶：我为什么要问您怎么烧法，因为野味我不怎么喜欢，特别是燻过的野味。

王：不能燻的，要吃本味。那时候我还小，除了吃章鸡，

我最喜欢玩章鸡的脚，它有根筋，你把筋拉出来，脚就收起来，放掉，脚又恢复原样，一舒一伸，很有乐趣。可惜现在章鸡绝迹了，看不见了，被打光了。还有一个正宗野味，叫朝元掌，市一中那里一爿店，两间破房子，一年做一季，一季吃一年。

陶：烧的什么？是什么季节做的？

王：干烧野鸭，秋天做的，它也是秘制的，肥美无比。它的香料都是自己做，全苏州出名，都是乡绅、有身价的人吃的。两块胸脯肉铿亮，拿稻草捆好。

陶：举个例子，我们现在吃的酱鸭，和它相比？

王：那怎么能比呢！它的香是透骨的，把它的一块肉放在嘴里，嚼到肉烂，香味还是留唇齿的，吃完也不会散去。有些平民百姓，经济不富裕，看见野鸭也想吃，就买点鸭脚，鸭脚和豆腐干一起烧，鸭脚豆腐干，味道倒也一样的，打打牙祭，聊胜于无，这也蛮好。那种野鸭现在是没了，这两样我不太会忘记，其他都是泛泛了。

陶：从前的熟食和现在的有没有太大的区别呢？

王：你要说区别，那区别真是太大了，那时候酱猪肉、酱排骨我都不太吃的。我吃的是沙沉腿筒，也是跟酱猪肉一道烧的，但是它要另外再转小锅子烧。一只小的蹄髈的下面一段，叫腿筒，它用丁香沙沉一道烧的，这是高品，酱猪肉当中的高品。

陶：沙沉是什么？

王：就是香料，沙沉烧出来的熟食，它透骨香，香味能入骨头。

陶：这个东西现在能做的，做得出，这个原材料现在还有，不像章鸡绝种了。

王：沙沉不会绝迹的，腿筒也有，现在酱猪肉也在烧，就是沙沉腿筒没了。这东西一只一只，价钱贵，那时候大部分人不要买，都要吃一块一块大的，酱猪肉、酱排骨便宜。要是吃不起就吃酱屑粒，火腿吃不起就吃原皮、老皮，等大，火腿开下来捡大的买，就叫等大。一只火腿，下头一段，开下来，切掉的，别人就等大的，搭牢上面肉的一块。原皮也有人买，买回去和新鲜肉一起烧，得到点火腿的香味，叫尝尝火味。

陶：苏帮菜火腿是法宝，不管怎么样，有火腿就能做。

王：不过，现在蜜汁火方有点不对了，八宝不全，烧法也不对，咸头不能放得太足，也不能放得不足。火腿一定要放点咸头，我喜欢咸的。

陶：王老师，您一般和谁一道去吃喝？

王：我都是独来独往，一个人吃自由，我不搭道，不喜欢搭道的。我一世人生，小时候靠祖宗的余荫吃，大了靠自己的

本事吃，吃到现在几十年了，说到底还是年纪轻的时候吃得好。

陶：王老师，您家里面有没有传下来的经典菜，有没有什么家传秘方？

王：以前的人家里都有拿手菜，一些家庭妇女，手里抄着竹篮，篮里都是小菜，哪怕爆爆小毛鱼，也好吃。喝酒的人，就有了酒菜。王好人带我去元大昌，对元大昌的情形，我印象很深刻。而我们家从前传下来的菜品，现在只会烧两个，椒盐甲鱼和棒切鳗，我母亲做出来不及我好婆，我夫人做的不如我母亲。

陶：椒盐甲鱼是红烧吗？

王：白烧的，甲鱼先在油锅里爆一爆，洋山芋和肉片，也要爆一爆，一道再回焖，白汁的，再着一点腻头。椒盐甲鱼的做法我夫人学到了，棒切鳗也烧得还好。

陶：什么叫棒切鳗呢？

王：这个鳗，不是黄焖鳗，比黄焖鳗厚一点，但是冰糖收汁收得好，像玻璃那样包裹在鳗的表面。这是家常菜，不过也算出类拔萃的菜品。

陶：我在一篇文章中看到说从前老苏州人吃鳗鱼，当日是不吃的，养一天，还要给鳗鱼喝牛奶，去掉鳗鱼的土腥味。

王：这是瞎说，吹毛求疵，鳗鱼就要吃它的土气，有土气

烧得不土气,这才是厨师的本事。

陶:王老师,您的水墨作品题材广泛,听松、观瀑、操琴、弈棋、垂钓、品茗、论诗、作画等,可谓无所不包,而您笔下之高士逸夫、文人墨客、仕女、童婴以及神道人物等,无不高古深沉、豪放潇洒。我想问一问,您有没有专门关于美食题材的表达呢?

王:绘画是闲情逸致,美食也是闲情逸致,我没有专门关于美食的题材,兴之所至吧。

陶:您学习绘画,有没有跟过师傅?

王:我没有专门的师傅。为什么要跟师傅?我有我法,只要有书,只要看书就行了,我童年喜爱绘事,但是要学习得法,要尽快摆脱学画初级阶段的临画。我老早就自制画夹,走出家门去写生,画小石桥,也画大运河。你学习说书,也不能一味地模仿师傅,只晓得背书。在模仿和背书之中要有自己的东西。阿懂?

芝兰堂闲话（二）

王锡麒／陶立

陶：王老师，我是评弹演员，我们还是从评弹说起吧。我主要是学习蒋调，现在跑码头，演出《庵堂认母》，从前在评弹学校不觉得，现在面对观众了，心里就虚了，您说我应该怎样提高自己？

王：说到评弹，我又要提到黄异庵了。最近苏州观前街在举办黄异庵书法展，老先生的书法和书画家的作品放在一起，一点也不逊色。说书其实是各方面修养通过评弹表现出来，说书先生要学会杂乱无章，杂乱无章就是兴趣广一点、懂得多一点。说书不是学校里做功课背课文，从前学说书跟先生，不许用笔记的，全是靠脑子来记，倒不是培养记忆力，主要是锻炼你动脑筋。要提高自己就要学会动脑筋。另外一点就是在古人和前辈中寻找到自己的老师和朋友。

陶：我曾经看到一则报道，说您一次赴海外举办画展并作现场演示时，被当地媒体赞誉为"当代吴门派的唐寅"。唐伯虎是不是您说的在古人和前辈中找到的自己的老师和朋友？

王：差不多是这个意思。当年我在一初中上学的时候，有一天在书店里见到一本《唐寅画集》，真是欣喜若狂。我对唐伯虎是心仪已久，神交已久，于是日夜研习《唐寅画集》，无论严寒酷暑，临摹不辍；慢慢地对于此类风格烂熟于心，在纸上也得心应手起来了。这是专业学习，另外一点就是无师无不师。当年我喜欢绘事，课余时间就跑去玄妙观的三清殿，当时的玄妙观三清殿，挂满了各式各样的"画画张"，年画、国画、扇面、月份牌等样样都有，这是对看不见的老师的学习，那运笔一丝不苟的画工艺匠，使我记忆犹新。

陶：王老师，我们还是聊一点轻松的话题。说起上中学的时候，我倒是对校门口的小商小贩也记忆犹新，您那时候阿要去摊头吃小吃？

王：我小辰光的摊头小吃，比起现在的，要精致、精彩得多，只可惜现在都没有了。那时候哪怕是在小巷深处，一到下半日，两副血汤担，一副是荤血汤，一副是素血汤，我是三天两头吃的，今朝吃荤血汤，明朝吃素血汤，都弄点，就在家门口。放了学嘛，我就蹲在厅堂里做功课，听见"钏喤喤，钏喤噗"的声音我就出去了，盛碗冷饭，血汤过冷饭，风味上佳。

陶：那荤血汤里有些什么呢？

王：它里面的血特别嫩，都是鸡鸭血，但都是秘制的，它的味道学不像。看着它简陋得很，实在是学不像，油豆腐一剪四，断么不断的，两只油豆腐，血放在爪篱里，再放点辅料、百叶结。我最喜欢吃它的小肠。

陶：是鸭肠吗？

王：猪的小肠，苦盈盈的。血汤，加点小肠、油豆腐、百叶结，就只要这几样物事，这味道真是不能为人道了，自己吃了自己才有数。

陶：它这里面我估计加什么调料的，因为这些东西都不能算是鲜的东西。

王：说不好的，吃起来打耳光都不放，那个汤碧清。

陶：那么素血汤里有点什么物事呢？

王：素血汤倒也好吃的，我吃下来，素血汤甚至和荤血汤相等同。荤血汤来了，素血汤倒也来了，隔一天我就吃一次素血汤。

陶：阿是一家人家呢？

王：不是的，两家人家。

陶：素血汤也是油豆腐、百叶结那种吗？

王：不是的，划方，就是老豆腐，一方一方老豆腐划划，就叫划方，好吃，略带甜味，甜得适意。

陶：豆腐甜还是汤甜？

王：汤甜，略带一点点甜味，甜得很适意。

陶：里面有什么？豆腐和血？

王：还有扁尖，剪剪小。划方，扁尖，油豆腐也有的，其他我倒有点忘了。

陶：现在这样的血汤没有了。我那时候去南京一直喜欢吃，人家说这东西不好吃，不要去吃，所以我也不吃了。我原来喜欢吃的，苏州也有的，还有粉丝。

王：粉丝，对的，荤血汤里是有粉丝的，也是放在爪篱里的。这是小巷深处里的血汤，不值几个铜钱，其味无穷，到现在，可望而不可即，可想而不可即，只能咽口馋唾。还有煎馄饨，煎馄饨我特意冲到北街，就是东北街、西北街去吃的。那个煎馄饨，别看它只是馄饨，可煎出来几个角都是焦的，里面却不焦。鲜酱油洒两滴在上面，咬到一个地方，有一种味道。那个鲜酱油是不是买的呢？不是的，自己做的，不知道怎么做，有人说蚕蛾吊出来的。蚕蛾怎么吊呢？这煎馄饨又是崭得不得了。小巷三件宝，现在吃不着。

陶：现在还有吗？

莲华芬茶图

明顾元庆茶谱莲花茶于日未出时将半含莲花拨开放细茶一撮纳满蕊中以麻皮略絷令其经宿次早摘花倾出茶叶用建纸包茶焙乾再如前法又将茶叶入别蕊中如此者数次取其焙乾收用不胜香美

丁丑長夏吳門王溪顾生於挹政園

王：现在没有了。要说起滋味，还有一个，我们叫生炒牛肉丝，现在怎么都炒不出那个味道。我一直喜欢生炒牛肉丝，但现在炒出来的都不要吃。那家店开在哪里呢？开在察院场，城隍庙过来点，我以前一直关照女儿给我去买。

陶：对对对，我小时候还看见过，那里卖牛肉锅贴什么的，我还吃到过。

王：叫伊斯兰，是教门馆，伊斯兰教的教门馆子。那个牛肉丝不知道怎么炒出来的，我一直在那偷看，就放点油，"唰"一下下去，我的小囡都抢来吃。这是到最后收梢的食品了，但是好呀，现在的新疆菜我吃吃嘛，哪有那个生爆牛肉丝好呢！

陶：那您现在吃吃，算算，能过得去的有什么呢？

王：现在真没有。说起来那时有位程志刚先生，算是苏州烹饪界的祖师爷了。知道我喜欢吃爆鳝，他自己做，做出来松，而且入味，做好送来。苏州市最好的爆鳝面，开在阊门横街。

陶：现在阿有了？

王：不行了，现在不行了。

陶：现在的滋味，好像都不及以前，比如还有哑巴生煎。

王：哑巴生煎，我还在吴门画院的时候一直吃的。哑巴是不会做生煎馒头的，他只会煎。他一个人要看四只锅，看他油一勺一勺下去，但馒头还是白顶，生煎油不能冒顶，要雪白的顶，黄是黄，绿是绿，黄的是芝麻，绿的是葱花，三分之一让油吃进去，说到底就是看加油的技巧。现在都是油。

陶：现在都是黄的。

王：完事大吉，要白顶，一定要三分之一，那个盖又脆，肉又鲜，上头有粉香，就是面粉的香味，粉香是助一臂之力的，下头有油香。

陶：血汤、生煎馒头、煎馄饨这些现在还有，虽然没有您讲的那个样子，至少可以意思意思。从前的家常吃喝，有什么是现在没有而令人难忘的东西吗？

王：还有熏百叶。

陶：鲜百叶先水里浸？

王：不用浸的，汤里下去。

陶：汤里让它红烧？

王：不用穷凶极恶烧的，淡红烧。

陶：烧好了怎么熏？

王：下面要放木屑、砻糠，加点谷，单单砻糠没有米的味道不行，将米谷和茴香粉放脚炉里，上面放个梯，梯上面再架一个匾，放百叶，下面让烟熏上来，等弄好了要放缸里焖，一礼拜过后才能吃。一方面退退火气，一方面让味道进去。熏鱼也是这么做，熏出来蜡蜡黄，以前稻香村也是这么熏的。

陶：不值钱的，但是功夫不得了，做起来真难啊！今天就到这里吧，王老师，我们省点讲讲，一下子讲这么多好吃的，我消化不了，也太浪费了。

芝兰堂闲话（三）

王锡麒／陶立

陶：王老师，三句不离本行，我是说书的，我们还是从评弹说起吧，大家晓得您喜欢评弹，您是什么时候开始听书的？

王：我很小就开始听书，哪个书场无我足迹？我到书场里，别人看见都啧啧称奇，这么一个三尺孩童也来听书，少年老成。

陶：那您那时去听书需要买票吗？小孩也要票吗？

王：要的，我读善耕小学的时候，一直逃学听书，我是书场里最小的一个听客。坐在书场一隅，有时候我也堂而皇之坐在书场状元台，听大书我喜欢坐在前面；听小书，余音袅袅送得远，我就坐在后面。

陶：最近我又重新听了张鉴庭、张鉴国两位先生弹唱的《闹严府》，真是行云流水，水到渠成，好像您和两位先生也有过交往？

王：说起张氏昆仲，我就想起当年他们二人雪夜来芝兰堂小饮的佳话，我们是故交，老朋友相逢真是意外之喜。

陶：这是哪一年的事呢？

王：也是几十年前了，在20世纪60年代末过后演出也比较少，可以东荡西游。张鉴庭在那时候也是饱受磨难，那时候我到他们上海团，看见他戴着高帽子，敲着破畚箕，一直要从南京西路敲到延安路。劫后余生，故友重逢，外面雪大得像鹅毛，积雪迎春，他们那时住在初春巷招待所，距我家也有一段路，最后我要相送，他们坚决不要我送，兄弟二人踏雪而归，也是一段佳事。那一天鉴国先生对家母的厨艺十分激赏，说是地道的苏帮菜。

陶：我听您说起过标准苏帮菜也分家庭与行市，您妈妈的手艺应该是算家庭吧？

王：是的，我家的家常菜，我好婆在的时候，我母亲算是得到她一点皮毛，我妻子又是得到我母亲的一点皮毛，学了三个菜，一道是椒盐甲鱼，一道是响油鳝糊，一道是棒切鳗。我母亲比我好婆逊色，我好婆在的时候我口福不浅。我小时候家境还可以，有点小底子，我好婆娘家开五家店，我阿爹是出名的王好人，有人家里困难来借钱，他来者不拒。他是吃客，喜欢吃，而且口味很挑剔，床底下叠起菜馆盆子来，有人来收盆子就再新带点菜过来，所以家当用掉很多。我吃火腿也是好婆带出来的，记得夏天有一道火夹肉，一层火腿，一层百叶，一层鲜肉，再一层百叶，还有笋，蒸的，要三层火腿和三层百叶。夏天的菜，还有醉鸡，白烧的鸡，还没烂，就弄成一块一块的，吃之前放在青边碗里，碗里倒好花雕，不能用白酒，再盖好了用布扎紧，大概四十五分钟，放在铅筒里，放井水，要浸到冰冰冷，有冻水，吃的时候把青边碗放在大盘子里一扣，这个不叫糟鸡，叫香醉仔鸡，其实和冬天的冻鸡面差不多。

陶：您好婆的拿手菜还有什么呢？

王：我最喜欢吃好婆烧的葱花大肠，手脚很烦，肠买回来用火夹烫，火夹不能夹断肠，但是到汤里要剪断，要温水拆，使得肠气味散去。大肠要绕三圈到四圈，然后砂锅焐好，上桌一把葱花下去，热天没大蒜，可以用葱花，我很喜欢吃。

陶：什么叫用火夹烫？

王：就是用烧红的火夹伸进去夹，一段夹一下，可以使肠气味散去，外面也要夹，所以做起来很烦。

陶：说到好婆，您的眼神放光，真是美好的回忆，可惜我没有赶上啊。

王：是啊，说起我好婆，我又想起豆腐衣。以前豆腐衣好，两层，木耳、豆腐干、青菜、笋尖剁碎，包在豆腐衣里面，像铅笔盒一样。先煎一煎，然后转红，有种微红，白的也可以，上桌时候切一切，也灵的。我还喜欢好婆的冬笋炒肉丝，因为冬笋没油，一定要肥肉一半，瘦肉一半，这对切工有要求。冷天吃冬笋肉丝一碰就要冷，所以有个家生叫暖碗，像小的暖锅，瓷做的。

陶：里面放开水吗？

王：对，里面放开水。冬笋肉丝炖在那里面，经常换换水，从开始吃饭到吃好也不会冷，冬笋肉丝一冷就不好吃。这就叫暖碗，瓷暖

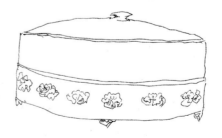

锅。我们家器皿讲起来也很多，一品锅，现在还有，只剩半个了，下面铜的被我弄碎了，铜的烧炭墼，只能三只，不能多，多了不行，一品锅吃三半件，加鸽蛋。

陶：三半件有些什么？

王：半只蹄髈，半只鸡，半只鸭，一块火腿，火腿不算件的，现在也变成件了，它其实是吊汤的，再放点鸽蛋。品锅下面雕花的，下面放三个炭墼，放三半件很满了。这些不是在品锅里煮出来的，先在普通砂锅里煮好，再放进去，为了卖相好，拿上来擦得锃亮，看上去珠光宝气，这是情调，三半件也吃不掉。

陶：是啊，一家人很难吃掉，现在的五件子我觉得火腿太重，味道有些冲乱了。

王：还有鸡汤面筋，自己做的面筋，一定要拿麸皮，拿面粉是不对的，面粉做出来是白的，一定要用乡下的麸皮，面筋出来时是灰褐色、烟灰色，这是最正宗的，假使是象牙色就不对了。我好婆从乡下弄来麸皮自己做，在饭筲箕里面汏，一直汏，直到汏出来面筋包肉。鸡汤里鸡块打方块。盛出来放大砂锅里，砂锅里再盛出来，面筋放下去，麸皮面筋各自有香味。蒸菜也有面筋，他们是蒸，我们是煮，区别就在这。

陶：想不到当年夏天的吃喝有这么多讲究。

王：要说夏天的吃喝嘛，还有臭卤甏。现在野苋菜梗不对，不软糯。以前炖双臭里面臭豆腐臭得很，臭卤甏里不能放臭豆腐，只能放苋菜梗和臭菜头，就是青菜切下来的头，这两样东西炖在一起，夏天来得个灵。这是家常菜，不值钱，一般乡绅家里都吃的。

陶：当时有没有煤炉呢？

王：还没有煤炉，我家用灶头，又要讲到厨房了。我家现在院子背后原来有三间房，在桂花树的背后，后来公私合营了，山茶花也没了，黄杨树倒是在的。

陶：黄杨树我见到过，感觉上是非同一般的花木。

王：那棵黄杨树市园林局有档案的。后面有一间柴房，一间厨房，一间吃饭的，还有一只碗橱，一只小菜橱，里面有个三眼灶。三眼的灶头，上面也画点花花草草，还有木头的挡板、砧墩板，有两个水缸，一大一小。水我最喜欢，那时候从外城河运水过来给茶馆用，或者用井水。还要淘水缸，里面有缸香，放一点矾屑，脏东西沉下去就变了缸脚，平时看不出，其实很脏。还有灶面砖，挡板就挂在上面，防止衣服弄脏。柴房就放柴火，烧稻柴会有像炒米一样的东西，我听见声音就拿火夹夹出来，掰下来我就吃，真是奇香无比。灶膛灰也有用，趁里面还是热的，就把山芋放在草灰里，赛过烘山芋，还天然环保，所以用灶头有用灶头的乐趣。

陶：灶头上的火慢慢煨出来，吃起来入味，尤其是红烧肉。

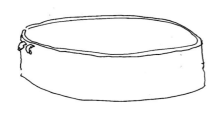

王：现在也只能想想，以前没有煤炉，都是炭墼，烧暖锅要敷炭，就是黑的，旺的时候闷掉，现在都是烧酒精，这是不对的呀！一定要敷炭，有噼里啪啦的声音。现在暖锅不知道能不能弄到，古董店里都是漏的，铜边里面是锡的。还有暖锅像一种鸭船，都是瓷的。

陶：有的，暖锅山塘街有得卖，有人做的。不过现在的人都贪图省力，电饭煲里随便烧烧就好了。

王：不知道那个暖锅做得对不对，这些东西估计也只有几个"老油腻"看见过，就是吃油腻饭的厨师。有些我家倒是还在，不过被我弄坏了，现在我用来种种花。

陶：王老师，您可以把那些器皿画下来，因为很多东西我们都没见过，您画下来让大家都看看，也是一件好事呀。

王：我还想起一件器皿，叫闷龙缸，现在看不见了，鸡鸣炉也看不见了。闷龙缸外面是铜的，像一品锅一样，下面放炭墼，只能放一个，晚上肚子饿，可在闷龙缸里烧点心，如白木耳什么的，小菜也能烧，如冬菇乌骨鸡汤。

陶：这个就是一直热的。

王：对，鸡鸣炉就是到天亮鸡叫炉子还是热的，不像现在有微波炉，这个鸡鸣炉白铜、黄铜都有，晚上要吃什么就吃什么，像冰糖莲心银耳羹什么的。

陶：这个鸡鸣炉和闷龙缸我不要说见过，听今天还是第一次听说。要不您画一下，让我大致有个感觉。

王：都没了，"破四旧"的时候都被弄没了。我回家一看，家里一塌糊涂，古董都被砸碎了，画都给烧了。我父亲爱画画，外行画法，但是画得蛮好，大多数是六尺开四的大小。我爷爷那辈吃鸦片，败落掉，到我父亲时家里已经不行了。

芝兰堂闲话（四）

王锡麒／陶立

陶：王老师，前几天我又看了顾宏伯老先生晚年时期的录像，实在是好，在书台上旁若无人，泰然自若。

王：他是说大书中我最佩服的一个，老辣得很，听他说书好比喝陈年的酒，到肚子里会荡气回肠。会听书和不会听书区别很大，不会听书的听闹猛，最好过门花。

陶：过门花是指伴奏花妙吧。

王：说到过门花，我最佩服郭彬卿。他和朱雪琴两个人艺术上相得益彰，朱雪琴的唱固然好，但是若没有郭彬卿这种非常细腻的伴奏，成就绝不会如此之高。因为朱雪琴喷口粗犷，唱出来的东西高亢，加上细腻的琵琶，恰好一粗一细，实乃绝配。张鉴庭先生的唱腔，也一定要张鉴国来伴奏，琵琶轮指听起来掷地有声，弹性十足。

陶：蒋月泉大多也是张鉴国伴奏的，其他人很难托起来，其实评弹那时候不止在苏州风靡，在上海也非常风靡。

王：我那时一直去上海，我有天在沧浪亭吃面，说到面，沧浪亭的堂口不大，进去七八张桌子，但是全上海有名，有葱油开洋面、葱油蹄髈面、葱油爪尖面，这是三绝。沧浪亭对面是光明邨，里面的糕点很有名，就像苏州的黄天源，它和乔家栅的点心又不一样。乔家栅以擂沙团著名，就是把豆沙碾成粉，黄豆粉、赤豆粉，团子做好在粉里滚一滚，软糯异常。

陶：您一直去上海，是去干吗呢？

王：我十几岁就开始单独到上海去吃，有时和朋友一起，上海一家一家我都吃过来。有次我出过一次洋相，我到南京路外滩的东海西餐厅，美式的，我点了一个美式烧鸡，拿上来硬得不能吃，刀叉也没有用，切不动，我当时还纳闷。后来怎么样呢，我就关照服务员给我包好，放在包里就走了，出过这么一次洋相。

陶：带回家之后呢？

王：后来被我丢掉了，我再也没出过洋相，变老吃手了。去红房子吃，我总是要一打焗蛤蜊，上面都是起司，还有铁排三样，羊腰子、羊肉、一块牛排，我最喜欢吃。最后喝杯咖啡或者餐后酒，咖啡甜酒或者薄荷甜酒，那个香是真正香。

陶：您现在还吃西餐吗？

王：现在难得去南园饭店。我喝酒总是一盎司咖啡甜酒，多了不行。还有国泰大戏院对面老大昌葡国鸡，上面都是起司，端上来热气腾腾，葡国鸡，它是葡萄牙风味，还有天鹅阁的红煨牛尾。西餐也好的，每次一到 Tea time 的时候，学生、小姐都会去喝杯咖啡，吃块 cake。德大西餐也不错，生意很好，座无虚席。

陶：我突然想起来，20 世纪 50 年代末，您过的是什么样子的日子？

王：那时候没什么吃的，基本上水牌上就两个菜，青菜豆腐大众汤，还有酱爆螺蛳，连酒都只有干麦烧。大丈夫能屈能伸，照样吃。我几个朋友桥头买醉，吃得还蛮好。

陶：干麦烧我听说过，喝起来冲得很。

王：其实困难时期，我的日子还过得去，因为有高级菜。松鹤楼楼下卖大众菜、大众汤、炒素，楼上卖高级菜，白什盘已经没了，咸肉有的，冬瓜咸肉已经算高级菜了，在两条鲫鱼上放黄萝卜片蒸，也算高级菜了，拿上来黄萝卜是花的样子，放在鱼唇上，菜美其名曰"双美看花"，还有小白蹄。

陶：您怎么会去吃呢？应该很贵。

王：我好婆给我钱的，好婆的老家什都没了，还有些银圆、

有錢能使鬼推磨而子進三呎卻郁昂貴吳門王迎軾

黄金，然后给我吃，她说孙子不能亏待，说起来家底被我吃掉不少，所剩无几。不过吃对身体还是好的，别人吃豆渣、糠饼，我没吃过苦，就只是在单位吃过，糠饼还吃得下去，硬香，豆渣不好吃，因为油少。

陶：那时候在松鹤楼吃的人多吗？应该不多吧。

王：有钱的还是在吃。一个双美看花放到现在要几百，还有荤什锦，但是荤少素多。实在没办法，就到上海去吃，去上海大厦十一楼餐厅。我好婆对我真是没话说，我永远铭记。我那时候乱用钱，现在回想起来不应该。我去餐厅里点红煨熊掌，熊掌也不大，吃上去像硬的猪油。

陶：您家里愿意给您这么用，您肯定是单传。

王：是单传。起初我有一个兄弟，我叫王锡麒，他叫王锡骅，但是他很早就过世了。后来我隔了半个月又去吃熊掌，结果没有了，只能吃吃普通西餐。最引起我兴趣的不是西餐，哪里吸引我呢？国际饭店十楼西餐厅里摆的都是名家书画，八尺头的，用竹节红木框挂在墙上，张大千、来楚生、张大壮的都有，看上去不得了。我一直要去那家店吃东西，顺便看看画。

陶：您画画没先生（教）的吧？

王：没有的，瞎画画出来的，凭感觉，学校毕业就进了沧浪美术工艺厂。

陶：沧浪美术工艺厂在哪里？

王：沧浪美术工艺厂，就是彭公甫旧宅，葑门彭家，大户人家。他们家后人和张大千是莫逆之交，张大千养虎，曾在病中写了"虎儿之墓"，虎儿就葬在假山后面。张大千托了很多人才找到我们单位，那时候海峡两岸一切都不通，从台湾寄东西过来不得了，托了人要半年之久才到，后来交给他的嫡传弟子曹逸如，也是我们单位的。说到曹逸如，有张照片里他和张大千是一起的，他抱着小老虎，穿着长衫，张大千站在背后。曹逸如抱老虎在黄包车上也拍过照的，去干吗呢？去给老虎看病。

陶：您说说沧浪美术工艺厂呢。

王：那是1958年的事，我记得厂里有个三槐堂，我们叫槐荫堂。在一起的有吴湖帆的得意弟子、俞子才的太太冯曼侬，就是冯桂芬的曾孙女，还有陈子清的妹夫彭师卒，以及崔护。沈子丞也经常来，拎个公文包，穿中山装，那时候沈子丞被打成"右派"，他还没定居苏州，画两张画十块钱，两张中堂呢，绢本，他画时不响，不敷衍，一声都没有，画好拿了钱就走。唐云、江寒汀、张继馨来到厂里画图，五块钱一张中堂，他们画大家在旁边看，我也去瞎看看。江寒汀画好就说："老唐，我画好了，侬来。"这批东西现在的价钱不得了，画得很地道。画的都是中堂，不是小尺寸，中堂价钱大，可以卖五块，小尺寸

五块都不到。区区五元,这个行情你想想看?那时候没办法,文人就是这样,也不错了。

陶:那您那时候一张画要多少钱呢?一个月工资多少?

王:差不多三五角一张,我一个月工资三百多。

陶:落花文章流水名啊,一晃这些年大家都不在了。

王:是的,我记得还有萧退庵,就住我们厂边上,门上一块青色瓷烧的牌子——虞山第一书家。

陶:您和他有交往吗?

王:没,他拒不见客。

陶:听说萧退庵最后很凄凉?

王:他不见人的,大门不出。他儿子萧茂硕白头发,不拎包,拎篮子,匆匆而过,匆匆而出,买点粗陋不堪的食物,生活窘迫,境况惨淡,可以称到一个"惨"字。有一天不知他哪来的雅兴,清理出来很多的信札,要是拿到现在都是文物,那时谁想得到这种事呢?里面有一封信,我去一看,是骂萧退庵的,上面怎么写呢:萧退庵,你这只老鸡精,你这个人不是人,拿了我的定金,拒不认账,到现在书件也没给我。事情就是萧退庵食言了,书件没给人家,钱倒是用了,被人写信骂"老鸡精"。这个称谓我倒是第一次听见。我本来想放好的,结果年少不懂事,被我丢掉了。清理出来不少,一堆信件,有骂他的,有给他钱的,也有来往书信的。我那时文学水平不够,对这种不感兴趣,要是我收集着就好了。

陶:放到现在不得了了,都是宝贝,以前不会有这个想法的。

王:这也算是名人手札,名人轶事。"老鸡精"也算轶事,我好歹看到过一封,我当时觉得奇怪,觉着好玩,但是都扔到垃圾堆里去了。萧退庵我也碰到过,出来什么样的打扮呢?一身长袍,当中串一根草绳不像草绳、丝绦不像丝绦的那种东西,腰里也不知挂的什么,走路会叮当作响的,出来手里拿根东西撑着。他到凤凰街口春园书场,去听书,别人也不知道他是著名书法家。门口有卖馒头的,给他吃两个,估计他也不出钱,打秋风，人家尊重他。

陶：听说当时聘他当省文史馆馆员，给他四十块，他拒绝了，他说我不参加。

王：他孤僻得很，最后晚景凄凉，断餐而死。萧茂硕只能画画书签度日。你想想看，那种文人真是不在世俗。

芝兰堂闲话（五）

王锡麒／陶立

王：20世纪60年代末，有一次去南京，我在金陵饭店遇上了杨乃珍，多少年过去，已经认不出来了。

陶：我也只是在电视上看见过。

王：我对她说："你第一次登台在四海楼，和你先生俞筱云。"

陶：四海楼在哪？

王：四海楼就在曹胡徐巷口。她穿青布时令布衣服，梳两条小辫子，秀气可爱，不化浓妆，苏州女子的一种形象，清丽无比，那个清丽就像芙蓉出水。她先生关照她不要怕，第一次上台难免要怕，让她只当下面没人，平时怎么样就怎么样。杨乃珍默记在心，上台了倒蛮好，唱个开篇《杜十娘》。我和她说起这件事，她问我怎么知道？我说当时我就在下面。她后来也成名了,还在金角书场演出过。

陶:金角书场在哪里呢?

王:在观前街口。陈莲卿和祁连芳,陈祁档也是风靡一时。不过那时候他们渐入暮年,风光有点减退,看上去梅骨清奇,可贵的是女下手,色艺双全。

陶:色艺双全是不容易的,两样占全很少见。

王:现在想想,老先生的东西非今人可及,一开始我听起来觉得冗长,可是后来想想就觉得纯粹,是真正苏派的评弹,清气袭人。不像现在很多东西加在一起,显得杂乱无章,太薄,没有底蕴。

陶:既薄又俗,可能还是没有文化支撑吧。听书和美食是您生活中两个主要的内容,您对平日里的一日三餐有没有特别深刻的记忆呢?

王:我好婆在的时候,我口福不浅,我家私房菜多,比如虾饼子,不要雄虾,要雌的,放在石具里,里面放鸡蛋、猪油,用杵不停地敲打,打得稀烂,像芋艿泥一样,但是里面的纤维都有弹性。起码要打两个时辰,再拿出来放在勺子里,放在油里煎,直到定型。加冬笋片,最好半红烧,红烧虾仁不红,看上去没颜色,但吃上去鲜啊。

陶:那真是再好不过了。

王：弄个虾饼子、椒盐甲鱼、棒切鳗，再加几个小菜，还有洋菜拌鸡丝，现在叫琼脂，透明得像鹅毛管里拔出来的，小时候叫洋菜。拌三丝：火腿丝、洋菜、鸡丝，放点上好的虾籽酱油，一定要上好的。现在三虾宴、满天星都没有，虾脑子太少了，要通底满天星，不过价钱也要翻三倍，主要是成本太大。红扒海参也不行，葱烤海参也是，京葱和海参都脱节，其实要融在一起，既要看得出绿头，又要用酱调和，还要摆得好看。这最早是山东菜，到了京里就变京菜，苏州人做就差一点。我想起来，还有一道家常菜腐乳肉，拿红腐乳烧肉，不是红烧肉，菜馆里叫腐乳汁肉，不能拿玫瑰腐乳，因为玫瑰的味道和本来的味道相冲，要咸的红腐乳，现在用甜的腐乳都是瞎搞，甜得吓人还烂糟糟。要老的腐乳，要么咸的红腐孔，要么玫瑰腐乳，但是只能选咸的，拿那个腐乳的露，稍微加一点点腐乳，搅拌成汁，和五花肉一起烧。

陶：吃起来会不会很咸？

王：咸的，但是腐乳不放太多，所以正好。这道菜颜色是红的，汤汁红润肉入味，肉在汤汁里就非常入味，是老苏州人的家常菜。以前家家户户都烧的，现在买不到那个腐乳，所以我也不吃腐乳烧肉了。还有一道醉鲤片，炖出来过后颜色像火腿一样，珊瑚红色，苏州人热天必吃，上面放毛豆子和扁尖。

现在的醉鲤片和以前迥然不同，现在只有名称相同却无特色，醉鲤片一定要红，而且甜头要重，不红就不正宗。

陶：用的是鲤鱼的肉切的片吗？

王：是的，鳞片不能弄掉，冬天晒干，到热天之后就通红发硬，晒干之后再做成菜，热天一直吃的。还有炖臭胚，那个臭豆腐都是黑漆漆的，炖臭豆腐要大金钩秃挺，秃挺就是扁尖里最好的，打成团，大金钩就是最大的虾米，一剖为二，再放点毛豆，还要放用小油车打出来的真菜油，烧出来真是香啊。

陶：那苏州人以前吃鱼翅吗？

王：怎么不吃，王好人吃鱼翅出名的，是鱼翅专家。他吃鱼翅要小碗鱼翅，烧好再蒸，那个鱼翅稀糊塌烂，而且一定要带根翅。一般他叫两个菜，一个白什盘，一个带根翅。现在不带根的都是假翅，扒翅都要带根，微红最好，汤勺另起炉灶，秃黄油，就是单单蟹黄和蟹膏，在大汤勺里溜，再浇在鱼翅上，叫小碗蟹粉鱼翅。

陶：现在得月楼也有，价钱比较高。

王：现在蟹粉不对。要吃秃黄油，蟹粉里面很多讲究，比方刘关张。黑的是蟹脚，张飞；白的油，油就是蟹膏，就是刘，刘备；红的蟹黄就是关羽，加起来是刘关张。现在蟹粉都不讲究，吃蟹粉第一是秃黄油，重大蒜，第二刘关张，第三煎黄球，第四是煎黄油。现在蟹粉都是混炒蟹粉，要清水蟹粉，没有瞎七搭八的蟹肉。吃东西规格要讲究，比方火腿要五年头，还有小碗烂糊白菜，一定要松鹤楼的，那个烂糊入口即化，竹蒸笼里出来的，直接蒸，放火腿屑，现在烂糊只是白菜煮煮，它应该要有腻头的。

陶：它的腻头是蒸出来的还是上腻的？

王：我估计要上一点点。

陶：据说以前新聚丰的烂糊白菜上海人排队来买的。

王：烂糊白菜肉丝要有肥有瘦，主要是那个烂糊猪油放得多，所以我喜欢。有种放虾仁，有种放火腿屑，看自己喜欢，帽子头不同，这个烂糊白菜两碗饭一吃头。现在的白什盘也不对，首先用料不过关，白什盘里鱼肚要发成像海绵一样，现在都是当豆腐干一样切，不对的，鱼肚发出来是软的，没有鱼腥味。还要放脊筋，就是猪脊椎里的筋，放脑子，叫加脊脑。火腿五年的要打片，这个叫搭头，不用多，但是看上去丰富，王好人每次都关照要加脊脑，还要重红头，就是火腿多放点。

陶：我吃白什盘都没听说过加脊脑，有时候搞不好鱼肚都没有。

王：那怎么行！吃菜讲究多，还有些菜一定要旺火。比如辣子鸡丁、宫保鸡丁，现在都是烧熟的鸡，一定要生的，放在最旺的火上,一下锅表皮全部卷紧,吃上去又香又肥又嫩。接下来加辣椒什么的,一定要生炒,不生炒我不吃的。用烧熟的鸡做什么宫保鸡丁?!

陶:苏帮菜喜欢用火腿的,火腿有点百搭。

王:我吃火腿也是好婆带出来的。

陶:半辈子享受,半辈子回味,有这样的好婆真是幸福。

王:我好婆还会做点心,叫印子糕,上面有各种花式,一块一块的,现在没了。

陶:我看见乡下也有,是用草麦粉压的吗?

王:这个是糙米糕,我说的是印子糕,拿粉蒸的。糙米糕是不蒸的,不过也好的。我说的是枣泥印子糕,将枣泥核桃肉或者芝麻松子打烂,南瓜松子糕也有,加南瓜是黄的,加芝麻是黑的,做出来邻居送送,蛮有劲,经常做的。

芝兰堂闲话（六）

王锡麒／陶立

陶：王老师，我想起一个话题，您和范烟桥、周瘦鹃有交往吗？

王：有过，我和范烟桥一道听书呀，苏州评弹团一直要给他汇报的，我也在旁边听听，他说说平仄、改改情节，字也有唱得出唱不出的。就在邻雅小筑里，那时有池塘、四面厅，而且范烟桥写的字很好。

陶：您过去听书要买票吗？

王：不用的，和去紫兰小筑一样，熟人敲门进去就是了，别人一看是我招呼一声"王家弟弟来了"。我记得周瘦鹃一直在网师园，戴着黑色线织的帽子，一根头发都没有，戴副眼镜，人很自在。我一直去看他的盆景，我喜欢梅花小筑，里面全是梅花式样，他客堂里有四张画，张大千、吴湖帆、张善孖、冯超然的。后来我还问过他女儿这些画的下落,只不过她也不知道。讲起来奇怪,他的院子是中式风格,却还有一个西洋女性雕塑,想想真是沧海桑田啊。

陶:全是响当当的名家,那个时代能看见的东西多,您有周瘦鹃的字吗?

王:没有的。俞振飞给我写过一张字,放在哪我也忘记了。

陶:从前生活真是讲究,这些讲究里又流露出悠长的韵味,真是令人向往。

王:那时候我们厂附近都是深院大宅,就在网师园旁边,那些人就在眼前,现在都烟消云散了。

陶:我之前曾经听您说起过从前的年俗,蛮有趣的,您详细说说吧。

王:要说过年景象,首先是大厅居中挂一顶神轴,是六尺的,挂喜神,就是上三代过世的人。

陶:喜神我没有看见过。

王:画成清朝衣服,哪怕我父亲民国人也是画清朝衣服,很早就画好,头像放进去就是,这就是喜神。还有送灶

糖元宝，下雪、下雨，送灶之前几天，穷人家的孩子穿着水草鞋子，袜子都没有，以前穷人你没看见过，现在都穿得光鲜笔挺，以前穷人冷天真是拖拖挂挂，大人穿剩的给孩子穿，御寒而已。手里托个盘，盘里有几只糖做的元宝，就把一只吃饭碗合下来，糖放上去，脱开来就是一个元宝，洒点粉不会烊脱，正好两边翘起来。

陶：是谁做的呢，穷人家吗？又是怎么个卖法呢？

王：穷人家做的，做好一路喊，下雪、下雨就撑把破伞，不下雨最好。送灶一定要有糖元宝，灶神要看那家人做了好事还是坏事，你给他个糖元宝，他说说你好话，这是旧俗。我一直很同情那些孩子，糖元宝我一直买，多做做他们的生意，我买了自己咬咬，也不去管什么。就这个糖元宝，让我过年感触最深。井有井泉童子，以前相信井有童子看着，叫井泉童子，所以也要孝敬，有块匾放在井上，上面放点松毛柏枝，就是柏树松树什么的，还有年糕、岁果，就是橘子什么的。

陶：家家都放的吗？

王：是的。

陶：那最后是自己吃还是给别人吃呢？

王：都行，自己吃吃也可以，吃不掉烂掉的就丢掉，既要供老祖宗，也要供井泉童子。

陶：那时候过年的习俗真多。

王：多了，还有方供，是锡做的，很大，有小孩这么高，过年要用粗草纸擦方供，现在粗草纸也看不见了。我看见擦方供最怕，从阁楼上拿下来，要把方供擦得锃亮，因为一年下来锡要变暗的，黑漆漆的，就用粗草纸先擦，擦好再用细草纸擦，花头多了，我好婆叫我我也只能擦。还有一只香炉也大得很，擦方供要做一整天，还有些锡的器皿、锡的桃子，桃子可以翻开来的，里面放点东西再翻好，锡的南瓜，盖头也能开的，都是锡做的供的容器，叫山果盅，放蜜枣、干果之类。我那时候喜欢吃老红菱，供上去的老红菱都被我偷吃掉，糖果之类我倒不要吃，就是一直爬上去把乌菱偷掉，它吃起来硬香。

陶：乌菱就是老红菱吗？

王：黑的菱。擦好方供，就要椅披桌围，要从箱子里拿出来，这不关我的事，我母亲做的。椅披桌围上要绣花的。

陶：评弹说书的时候也有椅披桌围，是一样的吗？

王：差不多的，我家的椅披桌围是凤穿牡丹，当中牡丹，旁边有凤凰。先是天然几，比现在长台还要长，天然几前面放供桌，供桌前面还有八仙桌，三套，顺序就是依次矮一点。上面供的看得出，上面要有桌围，椅披都要装好，清一色凤穿牡丹，椅子也不多，四把太师椅，椅披拿出来也有点蔫，还是我好婆的阿婆传下来的,现在不知道还在不在。全部弄好,客堂里已经有点气氛了,庭柱上镶嵌珊瑚的宝灯一直挂着,下面我记得很清爽,叫和风朗月足畅斯怀,崇兰修竹静观其趣。还有一副挂在正中的对联,上联:书法锺王,文窥左国;下联:缘深仙佛,契通神明。客堂一副对联,叫苍松翠竹真佳客,明月清风是故人,就是姚孟契写的。

陶:这和狮子林里立雪堂的对联倒是一样的,您家中那时候和书画家都有交往的吧?

王:因为我阿爹和陶春年很好,一直和陶春年在家里吃酒,喝了酒就涂涂画画。陶春年蛮肯画的,画扇面就要出钱了,银杏斋过来也近。很多对联,有些记不清了,以前都是一张中堂,两副对联,很神气,还有沙三春的人物画,我父亲也喜欢画人物。

陶:您父亲也画画吗?

王:画的,画仕女,所以我也喜欢画仕女,我父亲画仕女画得蛮好。

陶:那现在您还保存着吗?

王:都没了,"破四旧"的时候都被弄没了,我回家一看家里一塌糊涂,古董都被砸碎了,画都给烧了。我父亲外行画法,但是画得蛮好,大多数是六尺开四的大小,我爷爷那辈吃鸦片

败落掉,到我父亲时家里已经不行了。这样一布置家里已经很漂亮了,还有铜的雕花大吊灯,很漂亮,不过也被敲掉了,太可惜了。

陶:那时候没拍些照片,可惜。那过年的菜呢?

王:过年的菜没什么,都差不多,第一要有暖锅、鱼肉、蛋饺,笋尖要有,过年菜我不大要吃的,我阿爹关照要走油肉,我好婆只能做。酱方这么一块,放在大油锅里,但是油不能多加,要硬柴火,我家有灶头。

陶:那时候已经有煤炉了吗?可以用煤炉烧啊。

王:还没有,全是灶头,还有碗橱,一只碗橱,一只小菜橱，两只缸，有一次我还翻到一条地壁灰。

陶：什么叫地壁灰？

王：就是一种蛇，奇毒无比，被咬一口马上会死。我本来想挑骆驼，不是蛐蛐，但有点像蛐蛐，我想捉，结果一看黑色的一条，我认得出，马上叫人拿火夹、拿石头砸死，被咬到不得了的。灶头上的菜到底好吃。

陶：灶头上火慢慢煨出来，吃起来入味，尤其是红烧肉。好多东西现在看不到了，我只能想过去有过去的美丽，现在有现在的精彩，也只能从和您的交流中领略一些从前的滋味了。对了，王老师，您给自己家中的画室起名"芝兰堂"。有什么用意呢？

王：兰生空谷能以幽香惠人，艺事亦如是也。

戏画记(一)

林继凡／陈未沫

陈未沫(作者,以下简称"陈"):林老师,您好!很荣幸有这个机会采访您。

林继凡(以下简称"林"):你好,你好!因为今天的采访,我一晚上没睡好,一回忆过去种种,就停不下来了。我这处地方还好找吗?

陈:乔司空巷(林继凡工作室)我是认识的,我家离观前街近,这附近经常走,还是熟悉的。但是没想到古城区最繁华的商业地带,有这么一处酒店式公寓,而且出去几步就是地铁和公交站台,出脚十分方便,是个好地方。

林:那就好。我现在的家就在附近,在阊胥路和干将路交叉的地方。这处公寓是我的工作室。我之所以在这里又找了这间小房子,就是有一个情结,想要回归到老苏州的中心地带,保持和寻找那份过去的味道。

陈：您这个地方好啊，出门就是观前街，走两步就是嘉馀坊了。老苏州人说观前街有"吃煞太监弄"的说法，而嘉馀坊，我记得我小时候，大概是千禧年前，也是有名的美食一条街，有很多饭店。

林：是的，嘉馀坊兴起是在改革开放后，不少饭店慢慢兴起，逐渐形成了美食一条街。

陈：但是说起来也怪，嘉馀坊虽然地处主干道，本来应该是繁华不破之地，但是21世纪初，嘉馀坊的"美食势头"慢慢回落以后，就再也没找回过去的辉煌了。原来鳞次栉比的饭店，现在也都变成旅行社了，感觉就此荒掉了。

林：对，那里过去就是比较热闹的地方，嘉馀坊的美食风潮过去以后，就转到了凤凰街，然后学士街也兴起过一段时间，都是一阶段一阶段的。现在提到嘉馀坊，最有名的就是巷口的怡园了。

陈：还有最近两年完成修复、对外开放的过云楼。

林：过云楼严格来说，也是属于怡园，顾家花园嘛。隔壁那条小弄堂叫尚书里，再边上一条很有名的小巷叫铁瓶巷，铁瓶巷再往外就是干将路了。干将路从前叫干将坊，只有一小段，乐桥往东到宫巷为止。

陈：现在只有"干将东路""干将西路"，统称"干将路"了。

林：到凤凰街，那里就叫阊邱坊巷了，费新我老先生你知道吧，他就住在那一段，对着宫巷的那个斜对角的地方，那里有一个回龙桥。我对观前闹市区这一带了如指掌，因为我的童年就是在当时苏州的闹市区度过的。我原来住在景德路往南边去一点点的地方。我这里有一个信封给你看看。

陈：这个信封比您出生（的时间）还早啊。

林：肯定是的。这里有一行小字：上海生达信封厂制，那个年代做信封还需要在上海专门定制。信封底下这个地址——嘉馀坊34号，就是我当年住在嘉馀坊时候的门牌号码，也就是我爷爷医馆的地址。

陈：这里还有一个三位数的是电话号码，那时候很少有人家里装电话吧？

林：是的，这个诊所电话是710，说明当时苏州有电话的人家也有几百家之多了。我后来知道还有电话的地方就是在马医科附近的公用电话了，在老字号庆泰酱油店边上，号码好像是2013。我上的学堂是景一小学，就是景德路第一小学，位于景德路城隍庙后的一条弄堂里。那条弄堂叫"埃河沿"，再往里头叫"杀猪弄"。那个城隍庙和我的小学是相通的，过去我上学经常会和同学抄近路，从城隍庙里穿过去，有时候碰到城隍庙里的道士，他们还会把我们拦下来，不让我们走。后来我们熟悉了以后，道士都认识（我）了，就不拦我了，有时候还会和我说说话，攀谈一下，给我喝口水。

陈：您那么小就敢和外人攀谈了。

林：我喜欢和人交流，小时候相当顽皮。马医科也有小学，但为什么选择景一小学呢，应该是因为小学校长和我爷爷认识。

我儿时在嘉馀坊的房子有四进，我们家住前面三进，最后一进是租给别人住的。我们的起居生活主要在第二进，最靠外面的一进连带旁边的东西厢房都是用来作为我爷爷的诊所的。在这之前，我爷爷从医科大学毕业以后，就供职于"博习医院"，也就是现在的苏州第一人民医院。

陈：您爷爷叫林湛荪，现在网上也能找到，是溧阳地方名人。

林：我爷爷现在算江苏溧阳人，其实他1895年出生在江苏金坛，幼年的时候，他一直在金坛读书、生活。我爷爷的父亲曾经是金坛衙门里做文书的，古时称为"录事"，写得一手好字。我小时候还看到过他的手迹，临的碑帖之类的，可惜20世纪60年代末的时候被抄家抄掉了。

陈：所以说，你们一家可以称为书香门第，一脉相传咯。

林：但是我爷爷小的时候，家里并不富裕，因为当家的父亲早逝，爷爷的母亲就去给人做帮佣，一手拉扯大了连爷爷在内的六个孩子。我爷爷是家里的末子，小六子。我爷爷的大哥后来作为晚清公派的知识分子，前往英国学习邮电，回国后，在北京邮政部做事。二爷爷因为肺病，没读过书。五爷爷则是经商，后来他那一脉都在无锡定居。

陈：您爷爷那一辈等于分散在五湖四海了。

林：是的。我爷爷年轻时先到常州去读高中，后又考到了医学院继续攻读，20世纪20年代毕业后，他在溧阳的长富亭开办了诊所。

陈：您爷爷是中医还是西医？

林：他学的是西医。

陈：西医？20世纪初的西医可不多啊。

林：对。林湛荪算是中国最早的那批西医了，而且他的医术挺高的。那时候，溧阳瘟疫多发，中医治不好，但是我爷爷学的是西医，西医几片药下去，病就能除。再加上，他医德很好，所以在当时溧阳城几十里方圆，他的名头是最响的。但也因为名声在外，求医者太多，他又不愿意让前来求医的人失望，往往是忙到连觉都没得睡，有时候为了睡个觉，甚至要偷偷跑到家外头找地方睡。从乡下赶来的病人，都是连夜坐在他诊所门口等，等到第二天天亮开门，立刻上去求诊。后来甚至在坊间有一个传说，说是只要在林神医家门口的小桥上坐上一会儿，病就会痊愈。

陈：被说成是神医了！不过那时候瘟疫属于疑难杂症，被他几个疗程就治好了，也难怪病人觉得他是神医。

林：是的。再加上我爷爷善良，人特别四海（豪爽），碰到拿不出诊费的穷苦人，就不收费用，施舍药物。

陈：那可真是活神仙了，后来怎么又离开溧阳了呢？

林：后来日本侵略中国，轰炸溧阳，炸得一塌糊涂。在日本人来溧阳前几天，我奶奶的妹夫，叫许闻天，他是个了不得的人物，曾经当过宜兴县长。他就劝说我爷爷，早一点离开溧阳。因为以我爷爷当时在地方的威望，日本人来到溧阳，肯定会抓他去维持会做事；就算没有被日本人抓到，之后也可能被牵涉到国内党派的政治斗争中，会很麻烦。当然无论如何，首要的是不能给日本人当汉奸！我爷爷深谙这个道理，而且作为医生，他还有医术傍身，无论跑到哪里，都能落地生根。所以他就听从了建议，离开了溧阳，随后沿着长江逃难，到达了重庆，在重庆市区外的合川短暂落脚，当然，在那里他凭借他的医术也同样取得了当地百姓的信任和爱戴。抗战胜利后他才辗转上海，来到了苏州，落户生根，在中正路嘉馀坊口开办了诊所。

陈：您爷爷也是一位奇人了。除了钻研医术以外，还有些别的爱好吗？

林：爷爷除了医术高明以外，他也随曾祖，喜欢中国传统字画。曾祖虽然故去得早，导致家中贫困，但是留下的字画收藏却始终保存得很好，即使经济困难的时候，也没有流入过他人之手。我爷爷继承了这份对传统文化的热爱，在行医多年、手头积蓄宽裕以后，他把大部分钱财都投到了收藏字画古玩里面。

我也是受家族的影响，我们林家一直对字画收藏、传统文化别有钟情，也是这个原因，导致我在日后走上了对传统文化的继承与传播之路。然而，我爷爷的不少收藏在20世纪60年代末时被毁了。

陈：这实在是太可惜了。我听说您爷爷同苏州著名书画家张辛稼交往颇深，您也受过张先生的指导？

林：我爷爷喜欢收藏，他对收藏的字画要求档次比较高。新中国成立初期，以我爷爷的眼光，齐白石的画作，只消5个大洋，他还不要的。那个时候有专门从事字画买卖的商人，称掮客，会带着字画上门（来找我爷爷）。

陈：这很有意思，还上门推销呢，您爷爷看来是当时的"收藏大户"，名声在外啊。

林：那些卖字画的掮客了解到林湛苏医生喜欢字画，就上门了。20世纪60年代末的时候，虽然家里的部分收藏当场被毁了，但是好在红卫兵把大部分字画集中送到了苏州文物商店。那时候的文物商店还不在现在的人民路和干将路的交界口，而是在嘉馀坊的斜对角。

我爷爷认识张辛稼，也是因缘际会。张辛稼出生在1909年，小我爷爷十几岁；我家住在巷口，张辛稼住在巷尾。他刚出道的时候办了一两个画展，我爷爷就觉得他有出蓝之势，相

当看好他。我爷爷又乐于结交朋友,正好他和张辛稼都喜欢喝酒,家里经常摆宴席请客,次次都是宾客满座的。张辛稼每次和我爷爷对饮,都要来上五六斤黄酒。

陈:那么您的父母呢?他们又是怎么相遇的,有什么有趣的故事吗?

林:我父母其实也算是奇遇了。先说我的母亲。我的母亲叫董茜,是河北唐山人,当年跟着她的叔叔,也就是我的叔外公,一路南下。南下的原因,一是为了逃难,二是为了沿途寻找她外出做生意的父亲。我叔外公名叫董霖,原名董瑞霖,抗日战争时期曾经出演过多部电影。

陈：网上还能查到呢，说是抗战前在重庆中国电影制片厂当演员，以塑造反派角色见长，后来进入上海电影制片厂，曾经和陈述、程之、于飞被并称为"上影四'坏蛋'"。董霖是不是还和琼瑶有亲戚关系？

林：是的，董霖的夫人林榛，是琼瑶的母亲的妹妹，所以董霖是琼瑶的姨夫。那时候董霖带着我母亲加入了当时也属于抗战文工团的抗敌演剧队，一路往昆明走。而我父亲呢，考入了清华大学，因为战争缘故，他跟着学校一路兜兜转转，最后迁到了昆明。

陈：清华大学我知道，当时和北大、南开，三校合并为西南联大，可以说是当时最牛的学校了。

林：然后我母亲，就是在昆明，同她叔叔因为意见不合而分开了；而董霖还是留在抗敌演剧队，一路兜转，最后进了中国电影制片厂（前身为国民党"南昌行营政训处"下的汉口摄影场），简称"中制"。抗战胜利以后，许多电影厂搬至上海，成立天马、海燕等电影厂，最后都合并成上海电影制片厂。而我母亲也就是在和叔外公董霖分手以后，在昆明遇见了我的父亲。两个人随后很快喜结良缘，于1944年生下了他们的第一个女儿，林南琇，小名滇姑。

陈：滇姑，就是云南姑娘的意思咯。

林：对的。我在两年后出生，因为战乱的缘故，我父母就将我留在了苏州爷爷家里。其实很多人像你一样，对我提出过疑问，就是为什么我这样的出身，最后会走进戏曲这个行当里。

陈：是的，这是我最好奇的。因为戏曲行业在20世纪初，不能说像封建年代那样名声不好，但是也没有像现在一样被视为艺术，得人尊敬。至少书香世家应该是不会随便同意您走进戏曲行当的吧？

林：我觉得如果说我对中国传统字画的研究、收藏和喜爱是来自我父系一脉的传承，那么我身上的表演艺术细胞就一定是来自我的母系一脉了。所以我也常常说我是我父系一脉的"绝对叛逆者"。

陈：您虽然不是严格意义上的长孙，但是您爷爷奶奶肯定还是十分喜欢您，才会同意您走上艺术之路的吧？

林：那肯定的啊。我三岁左右的时候，父亲患了感冒，其实本来应该是没什么，结果反而因为太重视而出事了。那时候，他在北京，我爷爷得知他患病后，就给他北京的医生朋友打电话，让他们多多照应。结果我父亲就因为注射了青链霉素，而死于医疗事故了。

陈：青链霉素事故？肯定是那时候没做皮试。

林：是的，他（对）青链霉素过敏。

陈：您那时那么小，家里肯定瞒着您吧？

林：是的，他们没有让我知道，是等我长大以后，才慢慢告诉我的。在那之后，我就一直由我爷爷奶奶带着长大，也因此，我爷爷奶奶对我更加爱护。

陈：可想而知，您爷爷奶奶当年忍着丧子之痛，也是十分不容易的。

林：说到我小时候，我是1946年生的，农历七月初九，现在查下来应该是阳历8月5号，身份证给我登记错了，弄成了20号。对儿时记忆最深的一天，我现在想起来还是觉得很神奇，为什么我当年那么小，却对家里的人、家里的情况，甚至东西的摆设，都记得清清楚楚，也会对那天发生的事情如此历历在目？那一天就是1949年4月27日，苏州解放的日子。

陈：苏州解放是1949年4月，等于您实足年龄三岁还没满。

林：准确来讲，是解放日的前一晚，那天夜里，我彻夜未眠。我从当年嘉馀坊的旧宅隔壁备弄里出来走到路口，有一家照相馆，叫新村照相馆，照相馆的老板、老板娘就租住在我家房子的第四进。我小时候经常钻到照相馆里玩，对他们如何摄影，还有暗房里如何放照片，打小就留下了很深的印象。实际上这些对我也是一种启蒙。

陈：等于说您从小就耳濡目染了摄影的构图、色彩和人像的处理、表情的把握。

林：对。那个照相馆的老板叫徐新夫，是有大本事的，他可以把照片画在瓷板上，那个画比工笔还要细致，但是色彩层次极其丰富，就像真的一样。

继续说那晚，我就是站在那个照相馆二楼的一排窗户前，盯着路上，等候解放军进城，兴奋得不得了。远处的枪炮声一直在响，直到第二天清晨接近天亮的时候，解放军的队伍终于从楼下走过来了。

陈：为什么会对这段记忆特别深刻呢？

林：不得而知啊，而且那印象是深刻的，我连他们骑的马、手里提的灯，还有街边的一草一木，现在回忆起来都好像放录像一样清晰。解放军进城后，就到老百姓家里借宿。我们家当然也是大门大开，欢迎解放军入住。

陈：我听老辈的人说，那时候解放军进城，都是借住在居民家里，一户人家里有时候要住好几个解放军。

林：我们家的客厅里就住了二三十个解放军。隔天早上，我爷爷还特意买了大饼油条招待他们。

陈：那年头早饭吃上大饼油条是很奢侈的事情了。说到吃，现在流行管爱吃的人叫"吃货"，其实我们苏州人以前就有专门的词来形容这些人，叫"天吃星"。我听说您就是一个"天吃星",是这样吗?

林:那还真的是,我从小就是"天吃星"。还在吃奶的时候,有一次我吃完了就在床上睡觉,我奶奶路过房间觉得我的呼吸声不对劲,马上抓住我的小脚,把我倒过来,急急地拍我背心数下,我就"哇"一下把喝多了的奶水全都吐了出来,吐出来的奶从床边一直要流到门口。

后来长大一些了,只要听到说吃饭,我总是冲在第一个。别人拿我寻开心,对我喊:"来吃大栗啊,吃大栗啊!"我一听到吃栗子,跑得飞快!结果等到了跟前,才发现他们拿狗屎骗我,因为狗屎外形和栗子挺像的。

还有我小时候,只要生病发烧,就一定会吵着闹着要吃,我觉得生病了嘛,就要补一补。如果端到我面前的是萝卜干、泡粥,我肯定把碗往边上一推,心里想怎么就给我吃这些东西,反正一定是要见着好吃的才肯罢休。

戏画记（二）

林继凡／陈未沫

陈：林老师，我们接着上次的聊。您小时候是听话懂事的类型，还是调皮捣蛋的类型？

林：我小时候特别的皮，尤其喜欢到水里面玩，在水里碰到过几次危险，我奶奶常常说我命硬。有两次游泳的时候，我扎得比较深，往上蹿的时候，很清晰地感觉到我的脚脖子被人抓住了，把我一点一点往水里拽，就好像民间说的落水鬼一样。

陈：不过也可能只是水草缠住了您的脚，好像这种事情以前还挺多的，我也看过不少，其他地方管这叫"水猴子找替身"。但确实有些事情是说不太清楚。

林：所以到底怎样，我就不知道了。还有几次也是一个猛扎，潜到水底，游了一阵以后，我想探头呼吸换气……

陈：我知道了，是不是碰到竹排了？我听我父母讲过，说带城桥那一带以前时常有游泳的人溺亡,就是因为想要呼吸换气的时候,正巧碰到了船队运输货品,那些船队是一只大船在前面开,后面是连着的竹排,一个接一个,有几十米。这种成片的竹排就好像给河道罩了个盖子,人探头换气的时候,被竹排挡住,再抬头,还是被挡住,连续几次,就没力气了,很多人就因此溺亡了。

林:是的,我碰到过好几次这样的情况,但是好在我最后还是游出水面了,所以家里人说我命大。

陈:那时候河道游泳没人看管,也没什么游泳危险的宣传,这种溺亡事件不在少数,十分危险,您倒都能化险为夷。您家里因为这个事情罚过您吗?

林:怎么没有呢,我爷爷虽然宝贝我,但是在教育上还是很严格的,被我爷爷知道我偷偷溜到河里去玩,抓到就是一顿收拾,叫我跪在厅堂里反省。不过罚归罚,有得玩我还是要玩的。

陈:您这是典型的"好了伤疤忘了痛"。

林:是啊,顽皮小孩喜欢干的事情,我是一件也没少干,抓鸟、捉知了……

陈:但是顽皮的小孩很多都有一个特点,就是聪明机灵,我觉得您就是这样的。

林:哈哈哈,是吗?我小时候确实是坐不住。那个时候,我爷爷的诊所生意十分火爆，每天收账的时候，银洋钿都是用簸箕去接的。我们算是很宽裕了。家里还有不少佣人，有些还是从溧阳老家带来的，分工很细，有专门烧饭的，有拉黄包车的，还有专门接送我的，专门陪我睡觉的。那个专门负责照顾我睡觉的佣人，我叫她"三阿婆"。三阿婆是一个丧夫的远房亲戚，现在想起来，她那时应该是50岁不到的样子，但是看起来尤其显老。到我开始上学堂的年纪，她每天起床后，最要紧的一件事情就是看天，观察当天会不会下雨。

陈：观察下雨？这是为什么呢？

林：不清楚，可能是以前精神上受过什么刺激，她最担心的就是下雨，担心我被雨水淋到，总是不放心，在院子里来回看天，无非就是想让我出门的时候带上一把伞。但是我多怕麻烦啊，总是犟着不肯带。所以，三阿婆就和我"做交易"，只要我肯带伞，她就给我一些零花钱。后来我嫌零花钱少了，还要和她讨价还价加一点。

陈：那拿到钱以后，您就乖乖带伞出门了吗？我觉得您肯定还要耍点儿花招的。

林：我当然不会乖乖带伞出门，不仅伞不带，后来干脆连书包都不带了！每天出门的时候，我就绕着屋子走一圈，绕到我们家后门，把书包、雨伞一并藏到后门柴房的角落里，然后拿着零花钱,跑到"小公园"看电影去了。

陈:"小公园"就是现在观前街北局、人民商场前那一带是吧?听说以前"小公园"是苏州的娱乐繁华地带,百货商店、书场、电影院一家挨一家。

林:对,当时的"小公园"光是影剧院就有好几家,开明、大光明、新艺等,这些地方都是我最常去的地方,也是戏剧给我启蒙的地方。我小时候个子矮,总是买一张最便宜的票,只消几分钱,再买点儿零嘴话梅,就开始一场接着一场地看电影。等到别人放学回家,我才离开影院。

陈:您那个时候的日子逍遥快活,过得跟神仙似的。

林:等到我把所有电影都看了个遍,我也还是待在电影院里,就是不肯去上学。当时电影院里引进过许多优秀的外国影片,很好看。

陈:那个时候,比起国内的电影发展来说,国外电影已经相当成熟了。

林:印象比较深刻的,比如说印度电影《流浪者》《两亩地》,墨西哥电影《偷自行车的人》,等等。新中国成立后的那些国产片我也是一部没落下。看得入迷了,我脑子里哪还有学校呢?魂都被电影里的人物和情节给勾走了。不过和电影有关的一切,细到配乐、插曲,人物的情绪、装扮,反而深深地刻在我的脑海里。

陈：所以说，这段逃学看电影的经历，看起来是只顾玩乐、不学无术，实则对您今后的舞台人生有极大的帮助，不仅有从母胎里带出来的天赋，还有幼年在照相房里的观摩，这所有的一切，造就了您的表演悟性，一点即通。

林：哈哈，这些对我表演艺术的影响是肯定（存在）的。但是后来逃学的事情到底没有能掩盖下去，等到期中家访，老师就找上门来了，老师心里其实是清楚的，知道我虽然顽皮，但人不笨。只不过，一整个学期几乎没去上课总是不行的。不过，虽然我逃学的事情败露了，家里倒没怎么说我，因为我虽然不去上学，但是我的成绩并没有落下。

陈：您是"急来抱佛脚"了吧？

林：对，而且每次都给我"抱"着了。之前我们不是说到过怡园吗？等到了期末前两三天，我就躲到怡园池塘边的假山洞里，你去过没有？

陈：当然啦，经常去的，那个假山洞里还有一副石头桌椅，对吗？

林：对！我就是坐在那个假山洞里温书，环境很清幽，我觉得自己一到那里，整个人就能沉静下来，所以那里就成了我每次考前三天突击的地方。怡园真的是个好地方啊，就连我小升初的考试准备也是在怡园里面完成的。

陈：那您初中在哪里读的呢？

林：我小时候虽然不喜欢学习，但是小升初考试的时候，我就是立志要考当时最好的中学二初中。

陈：慕家花园，现在十六中那里。

林：对，考试那天，我还闯了个祸，差点没资格入学。那天考完试，我就在二初中里面到处瞎逛。二初中以前是教会学校，装修得比较西式，他们的窗户上装的是那种木质的百叶窗，寻常人家见不到的。我看了觉得新奇，就站在窗边，去拉那个翻折百叶窗的绳子，来来回回开合百叶窗帘。结果，哗啦哗啦的声音竟然引来了校长。校长看到我，就叫我过去，检查了我的准考证号，还记了下来，很严厉地批评我："你这样的行为是破坏公物，像你这样调皮捣蛋的学生，学校是肯定不会招你的。"我一听，心想这次报考要黄了，结果最后公布出来的时候，我还是收到了录取通知书，说明我那次考试的成绩还是可以的。

陈：虚惊一场！但好像您进了这么好的初中后，没多久就去学戏了，是吗？

林：我去二初中没多久，就遇到了我人生中的第一个转折点——江苏戏曲学院来苏招生。在这之前，我其实从来没有过任何对未来的规划，自己将来要学什么、走什么路，都没想过。

虽然我从小就有表演艺术天赋，胆子也大，喉咙也好，表演的时候情绪也饱满。小学的时候每次碰到文艺表演，我总是上去独唱，不怯场的。

江苏戏曲学院来招生是 1959 年底，当时他们打算组建评弹班，推荐我去报名的是我当时的英文老师。这个老师姓王，是正宗的海归留学生，英语很好。我个人也很喜欢英语，我爷爷会说英文的，写得也很漂亮。我天生也带点语言天赋，很得我们英语老师的喜欢，所以老师就教了我一首英文歌。英文你会吗？

陈：在外面留过学，英文我还有点自信。

林：哦，是吗？那我唱两句你听听。

The people's commune is good, Red flags' waving high. …

陈：这应该就是《人民公社好》的英文版，您唱的那几句是："人民公社好，红旗升上天，工农商学兵，样样都俱全。"

林：哈哈，是吗？我自己知道现在有些音可能不太标准，但你还听得出。我就是带着这首歌曲参加了考试，一唱就马上被录取了。

陈：林老师，说到发音的问题，我打断您一下。因为我和您聊天，您有时候和我说苏州话，有时候说普通话，但是您的普通话的发音，和老苏州的普通话有很大的不同。老苏州们的普通话大多有明显的口音，算是江南这一带比较常听到的普通话了。我在北京念过书，听到您的普通话却是一口带着儿化音的标准京腔，觉得有点惊讶。

林：我的普通话可能前期受我母亲影响，因为我母亲是北方人，后来我在南京也专门学习过标准普通话，所以儿化音比较重。

陈：除此以外，您还会别的方言吗？因为您提到您有很强的语言天赋，您跑码头，全国各地跑，应该没少学过当地的语言吧？

林：我确实喜欢学习方言，我可以张口就给你来一段湖南话、四川话，学习语言还是很有意思的。

陈：我也很喜欢学习不同国家、地方的语言，然后去研究其中的关联性，很有趣。那么我们回过来说，您被评弹班录取以后，有没有和您爷爷奶奶说呢？

林：没敢说呀。但我心里清楚，自己横竖不是读书的料。是什么料呢？不是唱就是表演，从我母亲那里遗传来的表演种子，就慢慢地发芽了，内心是有这种（对艺术的）欲望和向往的。听到音乐就心动，也敢于表演，有自信。

陈：是刻在骨子里的喜欢。

林：考到南京以后，我进入了评弹班。

陈：您一开始学习的是评弹？

林：对。其实说起艺术，我最开始应该是学习书画。

陈：这里一定要谈到张辛稼先生，听说他还指导过您？

林：我小时候调皮捣蛋嘛。

陈：所以您爷爷希望您可以学习一些书画，让心静下来？

林：对，我爷爷想让我收收心，就让张辛稼先生来教教我书画，督促我练练字，让我每天抽点时间出来，沉静下来。辛稼先生欣然同意，所以我就开始接触辛稼先生的字，后来又到他画室去，慢慢接触到他的画。我小时候胆子也大，在他画室里瞎转悠，拿着纸笔这边涂一笔，那边涂一下，还会模仿他的画描上两笔。一直到我后来（出去）学戏之前，那五年里，我都断断续续跟着他学习字画，后来家里的花窗都被我贴上了自己写的字。当然啦，这些字画我现在想想肯定是"弗连牵"的，但是这里面有一种启蒙，有一种我对艺术的向往。

陈：所以您爷爷肯定也希望您往这条路上走喽？

林：嗯，他那时候当然还是希望我往"文"的路上走。不过他自己也挺喜欢艺术的,他会带着我去书场里听书,不过我那时候坐不住,也听不进去,所以他没想到最后这个孙子居然会走上学戏的路。其实也是冥冥之中,我就准备了那么一首歌,还一考就录取了。

陈:其实也不意外,您的歌喉好,又天生出趟,唱的又是比较新的英文歌,再加上形象也不错,一看就是很机灵的,被录取也是理所当然。

林:唉,所以我爷爷奶奶也很惊讶。

陈:他们有没有反对过您?

林:当然(反对过)了,学这个东西多苦啊,而且以我这样的(家庭条件),不应该啊。家里还是觉得应该要好好读书。但是我好婆后来说了,不要阻止他,那是他喜欢的,就让他去,他就是去玩玩的。

陈:哦,您奶奶觉得您当时只是一时好奇,是感觉好玩才去学戏的,新鲜劲头过了,您自然就会回来的。

林:对啊,我好婆觉得我去几天(没劲了)就要回来的,觉得我不到一个礼拜就要回家的,却没想到我就此踏上了"征途","一去不复返"。临走的时候也是匆匆忙忙的,我就准备了一只老旧的白皮箱,也没怎么收拾,只想多带些好吃的东西,最后就带了些饼干小吃。我好婆知道我喜欢吃一种饼干,就给我准备了两斤，后来每次回家，她也这么给我准备。我小时候家里算是富裕的，有不少玩具，那时候别人家里的玩具是手工做的，我们家的都是电动小汽车什么的，一放在地上自己就会跑。我就都带去了南京。结果这部小汽车，最后还闯了个祸。

陈：祸因是什么呢？

林：我们刚去的时候，条件算挺好的，菜十分丰富，比家里的都多，饭又是尽吃的，味道又好，我们都很开心，总觉得比之前吃过的什么都好吃。我天生爱吃嘛，就像老鼠跌到了米缸里一样。

但是那时候练功，我总是吃不饱，于是我就想到一个办法，就是拿东西去换饭票。于是我把我的小汽车给了别人，让别人给我换点粮票。本来换来换去，也是私底下好玩，结果被管生活的老师发现了，还汇报给了领导。我们当时有一个用来自我批评的"民主生活会"，一个礼拜要开一到两次。

陈：就像开思想汇报大会那样？

林：对，政治思想汇报。

陈：十五六岁长身体的时候，练功又饿又累，还要挨批评，也确实太委屈了。

林：主要就是练功太吃力，又吃不饱，还要因为吃不饱挨骂，气过头了，小孩不懂嘛，就这么睡着了。不过虽然十五六岁，但那时候我们还没长个子，我发育得晚，是后来蹿高的，比别人都高。在过去，我们这种个头已经算是很不错了。不像现在小孩营养好，普遍比我们发育得早。

陈：现在一些孩子发育得都太早，也因为吃的东西里面含的激素多，尤其是一些洋快餐，过早发育反而是不自然的。

林：是的，还是要少吃外面的东西。

陈：林老师小时候是大户人家出身，有没有吃到什么好东西？

林：该吃的都吃过，那时候条件比较好，我们家有专门烧菜的厨师，我爷爷也喜欢吃，总是变着法儿让厨师烧来吃。但是我们家吃饭特别注意营养，我记得我小时候，早饭不是吃白粥、馒头、萝卜干，而是喝牛奶、水果汁和进口牛肉汁的。所以我现在也是早饭特别吃得下，这是我从小养成的饮食习惯。

陈：早饭吃得好倒确实是一个科学健康的做法。进口牛肉汁是什么？

林：就是一个像玻璃旋胆瓶装的，用牛肉提炼出来的精华汁液，是美国货。早饭一定要吃这个的。

陈：我是闻所未闻了。

林：就是美国进口的，一直到新中国成立后还有。

陈：好吃吗？是不是类似于高汤一样的东西？

林：鲜！好吃！比高汤还要浓缩。不是白的，是带点儿颜色的，特别厚实、鲜，吃了以后不怎么会饿。

陈：那等于是补充蛋白质和能量，但是又与现在外头卖的补充能量的食物不一样，因为现在专门补充能量的饮品味道都不好。

林：对，对，就是能补充能量的。然后在我们家，牲畜内脏是不能进门的，包括螺蛳也不吃的，（小）龙虾是更进不了门。现在的人不都爱吃小龙虾吗？别吃哦，你以后也不要吃。

陈：味道闻着香，以前刚流行的时候，我也吃过两次，但后来总觉得那东西不干净，现在是坚决不吃了。我家附近的巷子里有个很有名的杨驼子龙虾，每年一到夏天就开出来了。我吃完饭出门散步路过那家店，总觉得连飘出来的味道都对身体不好。

林：这小龙虾不是好东西，是标准的"恶坯子"。那种鲜味是不对的。

陈：调味料放太多了。

林：不，不单是调味料，这个东西，用我们苏州话来说，本身就是恶鲜，不是自然的味道。

那些饭店里做的小龙虾都是给你放水里冲一下，最地道的也就是给你后面刷一下，实则小龙虾真正脏的地方就是头里面的鳃，鳃里都是寄生虫。以前水质还没有这么污染，杀龙虾的时候，就必须要把虾头里的鳃抠除。还有就是龙虾身体有五瓣壳，最上面那瓣折一下，把那根筋抽掉，这样这个龙虾才能吃。现在哪有这样处理的呢？不过即使处理得这么周全，也不过是稍微好一点，这东西还是能少吃就少吃。

陈：林老师喜不喜欢自己动手做饭？

林：有的，我曾专门去饭店跟师傅学过，就是吃到一个菜味道挺好，我就去讨教，练过几个"招牌菜"，朋友吃了都说好吃。

陈：会吃会烧才算合格的美食家。

林：我们家那时候吃的其他点心什么的，也是比较高档的，像饼干之类的。我到了南京以后，就经常觉得吃不饱了，练功的时候吃不饱特别难过，饭票又是规定好量的，女生和我们一样，男生就去讨女生的饭票。碰上女生对你有些好感的，就暗地里塞一些饭票了。

陈：那塞给您的饭票多不多呢？

林：多的，后来我发现我们班级里的女生，基本上都挺喜欢我的。

陈：哈哈哈，那可不得了！很受欢迎啊，林老师！

林：是很受欢迎，包括我们家亲戚的小孩，那些小姑娘也喜欢我，暗地里写信给我。有一个是我好婆堂房妹子的女儿，家里八个孩子，中间有一对姐妹，我管她们叫"大妹妹""小妹妹"，两个人相差一两岁，都暗地里写信给我。

陈：那时候也没现在说法那么多，还不怎么从科学角度在意血缘关系这个事情。

林：她们给我写信，大妹妹说"千万不要告诉小妹妹"，小妹妹给我写信又说"千万不要告诉大妹妹"，都相互瞒住，最后嘛，都穿帮了。反正这种事情挺多的。所以我好婆总是操着溧阳口音对我说："继凡啊，你是丘货户头（吴方言"坏家伙"的意思）哇。"

陈：那您怎么处理呢？

林：我自己把持得还是不错的，我自己知道名声很重要，尤其是还在单位，所以该拒绝的都拒绝了。

陈：那些姑娘该伤心了呀。

林：那我也是没办法的。有一次我当场就回绝了一个宜兴的女孩子，她胆子大，来和我说怎么怎么喜欢我，我怎么怎么好……我大喝一声："不要胡说八道，这是不可能的！"然后那个姑娘站在那里眼泪哗啦哗啦地流。我也不好，年轻不懂事啊，不会好好处理这些事情。

陈：倒也不能怪您，直接一点其实反而更好，长痛不如短痛，说清楚了对双方都负责。要是拖着耗着，好像总还给人一丝希望，实则又不想和她在一起，反而不好，耽误人。

林：是吧，确实我当时想得比较简单，我（处理事情）不复杂，碰到这种事情一向都是很干脆的。

陈：快刀斩乱麻。

林：但是我心里其实也挺苦闷的，因为她们会给我洗衣服、照顾我，给我粮票什么的……

戏画记（三）

林继凡／陈未沫

陈：上次说到您开始赴南京学艺，那我们接着来说说评弹班的故事。

林：好的。评弹班呢，当时有好几位老先生，其中一位叫钟笑侬，那真是老先生了，他是蒋月泉的先生，辈分高，是最最老的先生了。还有一批省团里最好的说书先生，都到我们评弹班里来上课了，但是时间比较短，没几个月。当时正好江苏省要成立省昆剧团，他们之前每次省里有重要的招待演出，都是向苏州借人，所以省里文化局决定，一定要组织一个昆剧团，从苏州调13个"继"字辈的，包括张继青、董继浩、姚继焜等人，组团培养一批新的接班人。我们评弹班有甲乙两班，共60人，就说在这两个班里挑一批学生。一挑挑了10人，我是其中之一。结果评弹班不答应了，说你们昆剧团挑过去的都是我们这里的尖子,要不你们就"连锅端",把这些学生都带过去,我们重新去苏州再挑人,明年再开班。

陈:所以您在评弹班里待了半年不到,就变成学昆曲了。

林:对,结果那几十个原本评弹班的人,几乎全部逃光。毕竟那时候不像现在,学说书的学生不少是因为家长喜欢,而且,在苏州,评弹还是很被看重的,苏州有句老话:好唱戏不如坏说书。

陈:是的,这句话我听以前采访过的说书老先生和热爱评弹的老师们说过,说书的经济收入比唱戏要好,社会地位也要高些。

林:是啊,所以最后就留下来几个人,有一两个是刚入初中,有一个是初中毕业的年纪。我那时候还没发育,又喜欢蹦蹦跳跳的,觉得说书没劲啊,一直坐着学弦子琵琶,一个开篇来回地唱。所以听说要到团里学唱戏,那时候甚至对昆曲也没有一点儿概念,就想可以撒开手脚了,可以去翻筋斗、豁虎跳了,那就去了再说吧。所以从此我就开始练功了,翻筋斗、拿顶、蹀子、豁虎跳、蹦啊跳的,一上去就得法儿。

陈:您天生好动是一点,身体协调性也好,所以上手才快。

林:是的,我也能吃苦,是真的很能吃苦。虽然家里从小就宠爱我,但是我却很能吃苦。我好婆后来说我从小就不会好好走路，家里的每个门槛我都是"滚进去"的，家里的沙发也都是被我蹦坏的。从小就喜欢动，让我去练功就等于掉进了这个（学戏的）库门里。我是真的肯吃苦，喜欢练功，那几个老师都很喜欢我，最喜欢我的就是盖叫天的弟子。

陈：是不是南派武生泰斗，人称"活武松"，和杨小楼齐名的那位盖叫天？

林：对，我们团里的是盖叫天的弟子，叫周荣芝，他是票友出身，他作为盖叫天的弟子是比较特别的，不是戏班里从小进去拜师练功的。周荣芝是丹阳人，曾经在上海做生意，开两爿挺大的五金店，他因为喜欢唱戏、喜欢武生、喜欢盖派，把两爿五金店盘掉，去投奔盖叫天，到盖叫天家里学戏。但很可惜，周荣芝学戏的先天条件不好，他的喉咙不好，五音不全，所以他跟盖叫天学了本事以后到处"跑单帮"，天南地北地跑，甚至跑到东北，却站不住脚跟，最后只好回来，在苏州木渎定居下来。

陈：周先生练的不是童子功，肯定比别人学起功夫来更苦吧？

林：周荣芝学本事是真的下了苦功夫，他向盖叫天学功夫，不是在大排练场练的，而是在他自己家的客厅里的一角。那块地方的四周都摆设着古董，就是在这么一小块地方，练习踢腿、耍腰、旋子、飞脚，周围的东西都不能碰到，所以对动作的准确性要求十分高。周荣芝对我练功的要求也是这样的。

陈：该放即放，该收就要收。

林：对，所有动作要收在一个圈里，三个飞腿要在这个小圈里，一排旋子也要在这个小圈里，所以后来我可以在一个小地方，连续翻好几个筋斗；别人需要助跑才能翻的，我原地按手就能来。练习的地方，就是水泥地、泥土地，没有地板，没有地毯。练习拿顶，最开始是三分钟，逐渐加上去，五分钟，十五分钟，三十分钟！练到地上都是一圈圈的汗水。那些逃回家的学员是根本吃不消的，练一下头顶就戳地上了。但拿顶练的就是膀子的力量，膀子的力量上去了，筋斗就能翻好了。

陈：还有什么关于练功时候的苦事情呢？

林：那时候我们宿舍里是双人床，我睡在上铺，很狭窄的床铺，还没有挡板，睡着睡着半夜就摔到地上了。好在我们住在南京五福巷8号，原来国民政府邮电部的高级职员宿舍，是那种小洋房，铺的是地板不是水泥地，所以摔下来也没觉得痛，第二天醒过来就睡在地板上。

陈：但是现在回想一下，当作谈资说出来，也不失乐趣。

林：那种快乐是很单纯的，整天就是起早摸黑。

陈：脑子里只有练功这件事情？

林：对，每天只想这一件事情，汗是出了干，干了又出。一条灯笼裤，男孩子也不知道要勤洗，头天穿完往那儿一扔，第二天起来继续穿了去练功，衣服、裤子上都结了盐霜。我记得我们的练功房是由一个大厂房改造的，有个水泥舞台，舞台下就是烂泥地。翻、打、跌、扑都在水泥台上练。

陈：现在想来也就只有这样，才能练出真功夫。

林：就像我之前说的盖叫天教人练功就在客厅的一个角落，哪像现在有专门的练功房，房间里还铺设地毯，地毯上还要放垫子。而且我们那时候练功老师是真的把鞭子拿在手里的，翻筋斗这些都是要速度的，速度怎么出来？就靠抽。你要避开他抽的鞭子，你的速度就上去了。夏练三伏，冬练三九，那真不是虚的。夏天我们穿着棉袄，就为了练那一身汗；练得好的，穿着棉袄、靴子，一两个小时不出汗，等你练完了，衣服一脱水一喝，定下心来，汗就哗一下全下来了。就是要练到能控制自己的汗水！演员要是上台没一会儿就一身急汗，那戏还怎么演？平时练的就是心定，要控制，不咋呼。

陈：而且舞台上灯光一照，会更热。

林：所以不能出汗，要等到结束后坐下来，别人伺候换衣服的时候，这个汗就泻下来了。这就是好演员。真正的大角就要做到这样，我们还做不到，但是肯定比现在一些人要好。冬天就是要顶着风寒，在旷野里喊嗓。

陈：在旷野里喊，一定总觉得自己声音小。

林：是的，但是练着练着声音就出来了，气息也跟上了，就能把声音送得很远了。真的，都是这样练……

陈：男孩子好胜心强，你们练功那会儿相互之间也会比吗？谁的筋斗翻得快又高，谁的功夫好？

林：会啊，我天生爱动，动作也做得比别人漂亮，年纪轻的时候也爱比，就爱和人比虎跳谁快、筋斗谁高，所以也就喜欢练功。后来这些筋斗翻到在京剧武生里都算拔尖的了，放到京剧里，筋斗翻得好就可以当成招牌，独当一面了。京剧里分武生和武行，真正的武生、在舞台中间站着的，比如林冲、高宠、石秀，他们是不翻筋斗的，是靠手上拿着的刀枪棍棒以动作、身段来表现人物气质的。翻筋斗的都是武行，如果你筋斗翻得好，就可以去领基本工资了，基本工资是60块。

陈：那时候的60块已经很不错了。

林：对啊，像我这样能翻的都能拿大工资了，挑班的武生拿大工资，可以拿到一千多。练功的时候，都会有老师在一边告诉你：踢腿，这一脚汽车！这一脚洋房！想吃香喝辣的得要练出来！

陈：也是种激励。

林：那时候是有"榜样"在那儿的，都看得到。好的大武生一千几百，一般人那时候才多大点工资？几十块。所以这些苦吃得有价值，不这么练，不可能有这点成就，也不可能有这点钱拿。现在就没什么好说了，混混职称，到处都是一级演员，还没拼过命呢，就走个门路，找个靠山，得个奖。所以现在艺术真的变了味儿了，有些年轻人得的这个奖，都是空的、假的。

陈：没有真正在一个行当里浸润这么多年，一点一滴地积累，总是不够的。

陈：练功这么辛苦，肯定也没少受伤吧？

林：第一次是手摔断，其实那时候练功练了还不到半年。练倒趴虎，倒趴虎分两种，一种是向后仰，360度后翻，双手落地，再跪趴在地上。还有一种是要蹽腿的倒趴虎，就是翻上去的时候需要抱腿，等翻过以后脚蹽出去，手着地。这个动作对时间的把握要求很高，早了头戳地，晚了就会腿打地。我的伤就是蹽腿蹽出来的，因为有老师在旁边帮着抄了一下，抄早了，结果啪的一下，骨头就断了，而且断的地方不好，断在右手手肘鹰嘴部位。直到现在，鹰嘴这里我都是伸不直的。当时医院最好的医师给我看了，说因为我将来（工作）还需要活动它，所以那个地方不能上石膏，就用硬纸板固定了敷药、换药，但是以后比较容易发僵，最大的后遗症就是将来不太活络。现在我就是这个问题，画画写字时间一长，手就伸不直了，必须要歇一会儿、活动一下才会恢复。到了阴天也会这样，还有就是提了重的东西以后，手伸直了就会弯不过来。如果放在部队里，可能都算几级残疾了。但好在我学戏并没有受到影响，比如说像拉三膀这个动作，其实并不是要你双手拉直，而是拉到一个弧度打住，所以伸不直也没太大关系；到后来主要转文戏了，关节里也还算活络。

那您爷爷奶奶知道了肯定很担心吧？

林：这件事我没和我爷爷奶奶说，就一个人默默坚持下来了，带着伤的时候就不做要牵到上身的功夫，但是其他功夫还是没有耽误，依然在练。然而第二年的夏天，我的腰不知哪边扭了一下，到医院一拍片，显示第三、四节腰椎轻度骨裂，严重的话可就站不起来了。那时候，久坐以后再站起来就比较困难，而站立时间只要超过一两分钟，整条腿就会发麻，一直麻到脚趾，其实就是坐骨神经受到了压迫。当时医生对我说，这个问题很严重的，不能轻视，所以必须停止练功，安心养伤；还和我领导传达，如果不好好保护（腰），严重情况下会导致下肢瘫痪，不是闹着玩的。恢复过程中最要紧的就是睡硬板床，然后要使用一个几根钢条支撑的腰托，固定我的腰部。

陈：这么严重您还是瞒着家里没说吗？

林：那次真的太痛了，伤得也比较严重，团里的领导就把我送回了苏州。在送我回来前，他们讨论研究过，觉得我的伤不能再继续学戏，尽管我各方面成绩都很好，也只能算了，毕竟再折腾出大事情，家长会责怪。好在我爷爷懂得这些医学上的事情，赶紧去第一人民医院给我找医生，叫我每天过去做理疗。医生说我没关系的，因为骨头裂得不算厉害，再加上年纪还轻，注意了就能长好。

陈：您养病期间，肯定也没太安生，有没有跑出去偷偷练功什么的？

林：有啊，我就去怡园和大公园（苏州公园）喊嗓子，这个我每天都坚持。有一次在大公园喊嗓子时碰到了费新我，他和我祖父是忘年交嘛，和辛稼先生差不多。他也喜欢练功的，他后来专攻太极拳，还练过其他功，具体叫什么拳我不记得了。我看过他打拳，身上功夫挺漂亮的。他知道我也练功，就让我弄两套给他看看，我就打给他看，飞天十三响什么的，那时候学了也没多久。费先生看我身上（功夫）漂亮，还对我爷爷说："这孩子有出息的，他身上和别人不一样，有风头。"风头就是我说的眼风和脚风的配合。"传"字辈几个好的先生都是有好台风的。

陈：这一次养病养了多久？

林：好像我用了不到一个月，就全部好了。

陈：这么快？很神奇啊。

林：对，很神奇。但是团里的意思是让我继续休息，就和我好婆说，让我算了（不再学戏）。

陈：您好婆肯定也希望您别去学了。

林：是的，但是我在家里待了一个月多一点，就提出要回去（团里）。我好婆就对我说，让我再多养养，团里说了，让我不去也没关系的。我不愿意，因为这个事情是我喜欢的，而且已经学成这样了，我一定要坚持。所以我爷爷奶奶拿我没办法，拦不住我，就回去了。回去以后，我以为要有一段时间不能练了，好在老师有他自己的一套（恢复）练习的办法，先从轻的、柔的开始。所以我就改用旁腿，后来我旁腿就比较出色。因为直腿要靠腰的力量，牵动坐骨神经，从那时开始就不太行了。

陈：您的启蒙老师主要教了您一些什么戏呢？

林：启蒙老师主要就是教我《林冲夜奔》，武生必学的。我自己会去钻，去研究，也和别的武生老师学过姿势身形。但是武生这个行当在昆曲里其实并不重要，在京剧团里，武生是能当角儿的。昆剧团基本就是文戏，武生出场机会少。但我一开始不知道，只觉得练武舒服，台上也英武。

陈：男人嘛，都喜欢表现自己的阳刚之气。

林：对，等到后来我眼界开了，才发现，昆曲里的武生是很难"有出息"的。然后也是机缘巧合，我当时自己也没提出来要学丑，正好浙江婺剧团到江苏南京演出，演一出《僧尼会》，就是根据我们昆曲里的《双下山》改编的，而他们唱的是金华那里的婺剧。

陈：婺剧主要演些什么？

林：就是滩簧。婺剧的滩簧就是根据苏剧前身——前滩发展而来的。浙江的滩簧都是苏州这里的滩簧影响过去的，调子、唱词几乎都是一样的，就是字音不同。但是他们比起我们的戏来讲，生活气息更加浓厚。当时，他们的婺剧团在全国献演，从浙江到上海再到江苏……最后到北京献演。我在南京看了公演以后，就很想学。领导看到了也觉得应该让我去演，于是便让我去学。我听说有得学习，十分开心，就跟着他们各地跑码头，用了一个多礼拜，学会了这个戏，回来排一排，弄一弄，正好就赶上了1961年年底在苏州举行的两省一市昆剧会演。

陈：两省一市就是苏浙沪会演吗？

林：是的，那时候我们团里有几台戏，其中一台是年轻学员汇报，就拿了我这出戏，一经演出，林继凡三个字就被人注意到了。几个老先生看到这个小孩：灵格！特别是俞振飞，他是我的恩人啊，恩人俞振飞！

陈：俞振飞先生是著名的昆剧小生、昆曲大家，唱派叫"俞派"。

林：对，他一开始先去和徐凌云说的。徐凌云其实是昆曲票友，不是专业的，但他属于研究得十分深刻的票友，还出过三本书。他自己的实业也做得很大，丝绸服装这类的，而他自己就喜欢昆曲，他跟过很多老先生学戏，那些"传"字辈的先生都学不到的东西，他都能学到。生、旦、净、末、丑，样样都会，是全能的，当然重点是学丑角。徐凌云也看过我的《僧尼会》，于是俞振飞先生就把我带到乐乡饭店，领到他的面前。

陈：就是观前街大井巷的那个乐乡饭店？

林：是的，照片我还留着。

陈：所以您正儿八经入行、真正跟随的第一个丑角老师就是徐凌云？

林：对，徐老师教我的第一出戏就是《绣襦记》。从俞振飞先生把我领到徐老师面前开始，等于真正开启了我学习昆剧丑角的艺术道路。

陈：所以您反复强调他是恩人。

林：因为选择行当真的很重要，倘若说我还在武生里，那就没有现在的林继凡了。

陈：是啊，剧种决定了武生只能当配角。

林：丑行在昆曲中属于传统的三门行当，我们称为"三小"：小生、小旦、小丑。从表演程式上，赋予了丑角特色，是和其他剧种都不一样的。你看京剧，京剧是大剧种，是声腔艺术，到最后其实是旦和老生（花脸），下来是老旦，属于旦角挑班的，比如说四大名旦；下来就是马连良、奚啸伯、麒麟童这些老生作为台柱，他们也叫老板、当家的。京剧主要是听唱派，因为他们的表演主要是演唱，可以站着唱，可以坐着唱，甚至捂着肚子唱，主要就是用唱腔打动人。但昆曲不是，昆曲不是听戏，它是综合的一种艺术形式。

陈：昆曲要讲究身段、表演和整个舞台的把控，是吧？

林：对，昆曲给人呈现的是从文学唱词的词、典出发，人物的故事已经逐渐淡化了，在单独一折里的某一个人物都能成为主角，可以通过这一折的故事，展示自己的生活、志向、梦想、心情、矛盾，在舞台上靠唱念做舞，绘声绘色地、载歌载舞地、层次分明地表演出来。最后给观众一种审美的愉悦，它有一点唯美主义，而这种美感是综合的，除了技术之外，还要深入角色的情感之中，将生活变作内心体验，再通过你的外在的技术——你的表情、动作等自然流淌出来。这种氛围、情感是不间断的，当人物一出场，戏里面的环境、场景，虽然都是假定的，但却要演员真实地表演出来。

陈：要让观众看到演员所看到的东西，那些园林春如许、那些花草繁木，舞台上没有，就要演员带动观众，让他们也看到这些虚拟的景象，感同身受。

林：是的，很多剧种，都是没有这些的，比如说京剧，它前面唱完了，就不管了，但昆曲不行，昆曲叫带戏上场，一出场就要带着情绪上场，所以出场的一瞬间特别重要。就像王朝闻先生关于演员在九龙口亮相的那一刹那的表演，他在写我的《游殿》的评论文章里说的："林继凡还没有走到九龙口，他就已经把舞台带到观众面前了。"老前辈讲，什么叫作台风？台风就是台步加上眼风。不同的身份气质要有不同的步态和眼神。

陈：既然说到《游殿》了，您演过的所有角色中，法聪是最为观众所熟悉的，我看了不少关于您在《游殿》这出戏里饰演的法聪这个角色的评论文章，其中不乏戏曲界、美学界的评论名家，他们大多和王朝闻一样，认为您饰演的法聪演出了美感，演出了高雅。我们说到丑角，都觉得既然沾上了"丑"这个字，就没法和美丽、高雅联系到一起，谈谈您对丑角之美的看法，怎样理解"俗中见雅"呢？

林：演员是需要基本功扎实的，训练有素的，所有程式是规范拿捏自如的，可以放大可以缩小，可左可右可前可后。好演员不一定非要站在舞台中心，即使是在一个角落，也能用自己的表演能力调动，使得观众的焦点聚集在你身上。所以好演员每一个角度都是美的。这种"美"难就难在是区分于行当之间的，不是千篇一律的美。小生有小生的美，旦角有旦角的美，而丑角则更难，"丑中见美"是昆曲丑角所要努力表达的。哪怕是一个小人物，哪怕是一个反面人物，无论老少，除了情感以外，还要上升到美感。

有些人偏颇讲情感，觉得演员到了台上就该是戏里的人，要表达戏里人的情感，其实这很空泛。不能只讲一个人物，在舞台上，你要让他活起来，要把他的生命调动起来，把性格展现出来。演员要把程式化到生活里，又要从生活中提炼精华到程式中。我一直说生活化程式，程式化生活。要演活一个人，首先你一定是要对程式化表演很熟悉，其次你要去体会人物的生活、性格特征，这个人物的"生活"，包括了舞台上的环境、和你演对手戏的人物之间的关系与交流……

陈：就是说演员不能单一地去表演，要结合自身生活中的情况，把自己带入所演角色中，但是又不能脱离角色本身，这样演出来的角色才不"死"。

林：是的，你不能"死"在程式里，但又不能脱离程式的规范，而是灵活地用程式去表现生活，且这些程式和他的生活是贴切的。再上升到美感和韵味。韵味就只可意会，没法用语言表达了。也必须要有水平的观众才能体会到什么叫作意境。

陈：就像我们欣赏书画，我们能看出书画的笔触柔和、下笔有力、基本功扎实，除此以外，画外音所要表达什么意境、什么思想就需要靠读者自己揣摩了，往往是一万个人眼中就有一万个哈姆雷特。

林：说到画，你看我画花鸟，别人也画，我和别人不同的地方，就是我常年从事戏曲行业，在昆曲舞台上积累了舞台章法。舞台如同一张宣纸，宣纸就是演员的舞台。舞台那么大，你的位置、你的中心在何处？你扮演的人物所表达的东西，念白、唱腔、情绪等所有的东西，都要有一定的章法，不能乱走，乱描画。

陈：舞台如同构图，您需要考虑如何去描画一个舞台，所以说最终您的戏曲又和您的书画结合在了一起。

林：对，我相信艺术都是相通的，更重要的是，还会互相滋养。这种滋养是取之不尽、用之不竭的，它不局限于一个舞台、一张纸。宣纸上流动的笔画也好，色彩也好，到最后都变得拥有了节奏，在起承转合之间有了更流畅的链接；而舞台的韵律变化、起伏快慢，又能看到绘画笔触中的轻重缓急、远近虚实。

陈：那您觉得您的绘画与戏曲互相渗透后，哪个较之前更突出了呢？

林：我觉得可能还是戏更好看，更有韵味。我想，我演戏也好，画画也好，都是我林继凡自己个性的存在，是我与别人不同的地方。为什么别人说我的法聪好？因为这里有我的精神，有我的个性修养，没有过分刻意的表演痕迹。

陈：您中有他，他中有您，您就是他，表演艺术和演员自然融合，才会有最好看的戏。所以说，您的修养和个性影响了您的舞台表演，您的法聪在和张生交流的时候，也就不可能流于低俗。同样一句话，从您的法聪嘴里说出来就可以做到不俗，而有雅致可爱的感觉。

林：昆剧丑角要给人留下美感，是很重要的。为什么王朝闻先生对我的评价高？为什么我在北京表演，得到很多专家的认可？因为我的丑角有

书卷气,而且这份书卷气里头又不见刻意。

陈:昆剧作为一门高雅的戏曲艺术,一定要如您所说"丑中见美"。

林:这还不是我的一家之言,而是我的前辈,我的前辈的前辈的前辈,从他们开始就不断研究昆剧表演的美,他们也一直遵循着这个道理,将美继承下来。

所以说机遇真的很重要,如果这个机遇抓好了,而且正好合适你,那就走上正轨了。如果当年我选择读书,我肯定不行,不能读出名堂。还好有那么一次机会,当然我也有一些先天的条件,反正肯定是去对了,评弹转昆曲又转对了。等开始学丑角以后,我碰到了徐凌云,后来王传淞、华传浩都看到我了,都蛮喜欢我,觉得这个小团是要重点培养的,首先就是长得标致,昆剧丑角就要选标致的小团来演,那才能演好,精神气质很重要。所以老先生是有眼光的,王传淞把我喊去浙江,华传浩专门来南京教我戏。那时候真的不容易,不像现在有条件派出去、请进来那么容易,昆曲也不如现在受重视;我们团长也很好,重视人才培养,一直很关注我,(丑角)总是把我排得很前。

戏画记(四)

林继凡／陈未沫

陈：林老师，有个问题我一直好奇，这期开头，就先问问您。您的名字里有个"继"字，但听说您并不是昆曲"继"字辈，这是怎么回事？

林：从1962年我开始和比我高了半辈的张继青搭档，那时候就不准唱古装戏了，全部排现代戏，我不是第一正派就是第一反派；后来我就一直和她搭档，林继凡、张继青，名字一直一起出现，所以不少人都以为我是"继"字辈的。实则不然，我和"继"字辈的人差了半辈，他们是1955年学戏，我是1960年（学戏）的。我只是碰巧名字里有个"继"字，我这个"继"是我们林家的"继"字辈。

陈：结果就这么巧，到了昆剧团，您又学得快、进步快，最后反倒和"继"字辈一起演出了。

林：对。我从1961年年底脱颖而出后，就开始和他们合作了，从那个时间到我开始学戏，其实只用了一年半不到一点。然后就开始唱现代戏了，那时还没有样板戏，都是创作一些和生活结合的英雄人物故事，比如雷锋、王杰。我们当时就排过一出王杰的戏，我演王杰。之后一直到样板戏出来，江苏省苏昆剧团接近要解散，全国昆曲都解散了，我们剧团当时也面临解散，所有演员集中到南京农学院，省里是重视昆曲的，就想让昆剧团排样板戏《智取威虎山》；说试试看，看看有没有观众。用了半个月排了出来，演员选了我，团里找我谈话，说我是"黑五类"，家庭出身不好，按道理是没资格演的，但是因为我表现不错，艺术上优秀，现在用人之际考验我，看我能否担当。

陈：您是怎么想的呢？

林：我当然觉得要珍惜这个机会，因为这等于要背负起整个昆剧团的命运。大冬天哦，冰天雪地的，没日没夜一个礼拜，总算把戏排出来了！结果我就落下个后遗症——失眠。直到现在也是。

陈：时间赶，任务重，身心俱疲，再加上压力这么重，您也是不容易了。

林：我的失眠基本都是因为戏。后来就是不能想到戏，不能想到这些事情，一想就会失眠。像你说的，压力实在太大，排不好戏，剧团就要解散，这是怎样的责任啊?! 所以无论如何，我都要拼命。

陈：排的是什么戏？

林：革命样板戏《智取威虎山》，我演男一号——杨子荣。唱出来反响是好的，因为我是武生底子，形象、气质、功夫都是可以的，唱出来竟比省京剧团几个演员都好，很受观众喜欢。一天唱两场，很辛苦，但也是一种锻炼。

陈：所以您的行当很宽，武生、小生、老生都能上，可塑性极强。那么这次您把杨子荣唱红以后，剧团是不是就能避免解散了？

林：对啊，不用解散了。然后我就遇到了第二个转折，1968年所有昆剧团都解散了，只有江苏省没解散，对上头总要有交代，于是领导决定把我们下放到苏州。1972年年初春节的时候，剧团安排我们在石路鸭蛋桥那里的人民剧场（演出）。我到石路没几天，一个礼拜不到，石路上的人就全都认识我了。那时候戏少，看戏很闹猛。

陈：那时候的演员，昆剧也好，评弹也好，都相当于现在的明星啊。

林：是啊，很多人都来看，甚至翻墙头也要来看。当时唱的都是现代戏,《风华正茂》《雪山风云》等,根据歌剧、话剧改编,那些戏都是大火,场场客满。我们唱的都是昆歌,曲子都很好听。后来石路上的店,肉店、鱼店、水果摊、糖果店,只要我去买东西,都不肯收我钱。夸张到我去买肉,扔给老板5块钱,他给我一大只蹄髈,还要再找还我10块钱。

陈:卖东西不收钱,还要贴钱给您。

林:为什么呢?就是喜欢你演的戏,喜欢你演出的人物啊,要和我交朋友。所以最后流传一句话,叫作"林四亿",说那时候全国八亿人口,林继凡认识一半。还有一句话:不认识林继凡的人,还没出道呢。那五年里,我确实是不断演出,给观众留下了比较好的印象。那时候昆剧、苏剧我都唱,形势很好。这一段也成了我人生中很重要的时刻。因为还有一件重要的事,就是我得以陪伴我爷爷度过他人生最后的几年,送他终老。

陈:您是真孝子。你们当时住在哪里?是团里统一安排住宿,还是……?

林:我们住在西园新村,那是苏州第一批公房。当时我们团下放苏州,苏州领导算是很重视了,按照家庭人口,分配小户、中户、大户。小户进去两户人家,一间小房子,没有厕所的,要跑到西园上厕所。我分到中户,朝南一间,朝北有一小间,朝北那一小间墨赤黑,只有一点点。厨房间也是一点点。四户人家在楼道里合用一个水龙头。虽然条件艰苦,但是来到苏州能住上这样的新房子,已经很满足了。那五年日子过得也很开心。

陈:那段时间除了唱戏还做些什么?

林:那时候我结婚了,生了第一个孩子。但我书画这一块一直没丢,还在写写画画,所以接触到几个先生,费新我、吴 㲃木、张辛稼是老相识了,从小就认识,回来也经常有来往。我现在收藏了不少,都是这些老先生给我的画。

陈:说到书画,之前我回去细细翻阅了您先前赠我的两本画册,觉得非常不错。

林:你之前看过我的画作吗?

陈:老实说,并没有。

林:看完画册,你觉得我的画怎么样?

陈:我是一个外行人,家里虽然有收藏一些字画,自己平时也会看看,但可能因为自己不会写不会画,所以还是不太懂,只能凭自己的感觉,我说的可能不对,您多担待。我看您的画作的最大感觉就是画面流畅和布局精巧。有些笔画给我感觉,我会想到戏服的水袖和舞台上的幕布,有些是飘逸婉转,有些是一垂到底。我认为您的书画是和您的舞台艺术相互渗透的。

回过来说您在苏州的这五年,您觉得这五年对您、对整个昆曲的继承发展，有怎样的意义呢？

林：全国昆剧（团）解散，只有江苏保留，（省团）和苏州团合并，等于就是保留了一个火种。当时虽然创作了许多现代戏，感觉好像只是一个特定时代的产物，但对于我们演员来说，在共同的创作过程中，也得到了很多的锻炼和成就。这个阶段是把现代与传统结合的阶段，虽然昆剧是一个最古老的剧种，但昆剧是一个很大而全的东西，是文学性、艺术性和表演性的综合，用丰富的手段将这个古老的东西改编到现代中，实际上比京剧还要有看头。我前面也提到了，京剧是比较程式化的东西，在一些更深层次的内容和程式上其实远远不及昆剧。

陈：所以我们说昆剧是"百戏之祖"，是包罗万象的艺术。

林：对！当时其实已经拍了许多昆剧传统剧目。

陈：谁去拍的呢？

林：我们那几个老师，王传淞老师也去拍过，都是拍成了电影给毛主席看的。所以1975年夏天，我们组成了一个小队，去浙江学习《十五贯》。我们到了杭州，在旅馆房间里，把床都拆了，向老师学这出大戏。

陈：这是不是又是您的一个机遇呢？

林：是的。演正面人物况钟，是老生，所以就不跟王传淞老师（学戏）了，开始跟着周传瑛老师学习。王传淞老师气得要命，说："蛮好的传瑛，怎么跟我抢学生！"周传瑛老师也很无奈，说那也是没办法，他们是团里面派过来的，说我自身条件也可以，团里又正好没人，就让我学况钟了。两天，一出大戏全部学会。

陈：只用了两天？

林：对，两天。前几日周传瑛的儿子、儿媳和孙女还来这里看我呢。周传瑛作为昆剧老前辈，改编推出《十五贯》全是他做的，政治、艺术都处理得很好。

陈：《十五贯》之前好像是在北京演出过？

林：是的，当时的待遇很高，总理请他们去中南海紫光阁开座谈会，这个是昆剧才有的待遇。1956年5月18日人民日报发表社论《从"一出戏救活了一个剧种"谈起》，说的就是《十五贯》。1956年《十五贯》进京，是陆定一在上海的一个破剧场里看到了这个戏，很惊讶，这么好的戏、这么好的剧种、这么好的演员，怎么在这样的地方（演戏），连饭都吃不饱？他看完很感动，回北京后，立马向周总理汇报，讲昆剧《十五贯》。汇报之后，总理立刻指示进京演出。总理看完戏以后，又介绍给毛主席，再把剧组调到中南海怀仁堂演出，毛主席连看两次《十五贯》，说，这个戏太好了，有人民性、思想性、艺术性，三性统一。所以要开座谈会了。《十五贯》进京演出，因此成了全国戏曲改革的一个里程碑。领导当着周传瑛、王传淞两位老师的面就说："昆曲，中华民族的瑰宝，而你们俩是我们艺术界的国宝，回去之后一定好好保重身体，好好挖掘昆剧。"等到老师们回到杭州，一下就将他们的级别提到了三级（正高里的第三级）。至此，昆曲翻身，各大昆剧团和戏校、昆曲班成立。

陈：那我们回过来继续说1975年您学戏。

林：1975年我从娄阿鼠变成了况钟，大夏天我又睡不着觉了，在西园新村楼外的过道里每天都在复习、背戏。我知道很快这个戏要搬上舞台。过了一年，省委决定把原江苏昆剧团所有人马调回南京，成立江苏省昆剧院。回南京后，当时的江苏省委领导下令马上恢复排练演出，等于调回去一个礼拜，就要把戏拿出来，排练的时候，领导更是每天亲临排练现场。

陈：可见重视程度。

林：对。其实当时浙江就觉得昆剧可以不要了，按理说浙江团应该第一个恢复，因为王传淞先生是浙江昆剧团的，《十五贯》是他们原唱的，结果浙江省委研究后觉得不能恢复，可能当时还在等中央决定。江苏抢在前面第一个恢复昆剧院和古装

戏，涉及版权先后问题，我们省委还和浙江打招呼了。后来新华社和省报上刊登了恢复演出的消息，报纸上都是我的照片。可惜那些报道我现在已经找不到了。

陈：演出情况如何？

林：白天黑夜连着来。南京演了四十几场不算，省领导亲自带着我们的队伍往湖北、湖南去，都是当地领导亲自接待。

陈：这就是命运啊，是昆曲的命运，也是您的命运。

林：其实老生戏我也没好好学，但是耳濡目染的，除了和王传淞老师学戏以外,其他老师也很喜欢我。我经常请老师们到我家里来玩玩,我也经常去他们家里看望他们,来回跑。

陈:同各个行当的老师学戏探讨,丰富自身,也多了行当傍身,但主要还是因为您喜欢表演,愿意去钻研。

林:平时先学着些,然后当需要用到这些东西的时候,你就可以拿出来,再拼一拼努力一下,就可以登台了。当然,这样拼命学习的后果是相当伤身体,直到现在,我心脏不好就是那时候落下的,稍一激动、一紧张,心就乱跳。

我们在武汉的时候,我就提出,《十五贯》我要演回娄阿鼠,因为我还是喜欢老本行丑角。我还记得我那天演出,大热天,当地文联主席还过来看我,说娄阿鼠演得好啊。虽然况钟我也演得好,但是这个戏还是娄阿鼠来得生动,虽然是个反面人物,但是表演艺术上更深入人心。

陈:所以您又重新回到丑角,有没有什么不适应呢?

林:当然还是有些阻力的,同行还有一些比我大的师兄,肯定希望我不要回去唱,因为我唱了会"吃"了他们的"饭",说我现在蛮好的,风头出尽,不要回来。但是我还是坚持想和王(传淞)老师学戏。有些人马上说:"就他最肯教你,你就是'拦路虎',明明我们都学得比你早!"

陈:这没道理啊,技不如人就说别人"拦路虎",有本事就舞台上比高低嘛。

林：对啊，哈哈哈。

陈：我查阅了您的资料，看到您正式拜王传淞老师是王老师76岁的时候，是他唯一的入室弟子。

林：是1982年。和王传淞老师学戏是从1962年就开始学了，一直到1982年才正式拜师，这叫作瓜熟蒂落、水到渠成。为什么呢？1962年的时候我还是一个小鬼头，那时候看了我的《僧尼会》给我指点一二，我只是和王老师学了一点点戏，时间很短，只有两三年的时间。1964年就开始全国文艺改革了，已经不能演古装戏了。然后靠着从小对电影、音乐的喜爱与积累，我就开始了（现代戏）创作。

陈：王传淞老师对您最大的影响或者启发是什么？

林：其实老先生也没什么文化，但是王传淞老师在我的拜师会上说了一句名言："不要学我王传淞，学我演剧中人。"所以在他教我的所有戏里，他都在说人物的生活。

陈：就是要投入人物中去，而不是学死板的一招一式。

林：对。拿娄阿鼠举例，娄阿鼠出场前他在哪里？在做什么？他肚子饿、没有精气神，整个人萎靡不振，从赌场里出来还输了钱，他出场前应该是这样一个状态。突然之间看到亮光，那他首先就抬头看看是不是月光，这就是生活化的东西。一看，不是月光，哦，是那扇门缝里射出来的灯光。再看一下这是谁家的门？是尤葫芦家的。尤葫芦是卖猪的，卖猪的一般都是晚上杀猪的，娄阿鼠方才想到可以去他家里偷点东西吃吃，"赊"点儿肉。

陈：这其实应该是剧本的铺排，但是是非常生活化的铺排，能把剧本文字演活了。非常细腻，而且越是细腻，越能表现出故事亮点。

林：对，细腻到可以把特定的环境生动地介绍出来，包括演员的眼神、动作，绝非刻意为之，而是自然流露的。王老师说，表演是要有目的性的，目的性不是天上掉下来地里生出来的，而是心理活动中来的，是活东西，是真正生活的心理活动。你出来的东西不是一定要往左或者往右。这些程式其实都应该化作生活。娄阿鼠为什么叫娄阿鼠，因为他有一个鼠性，老鼠偷东摸西、生性多疑。娄阿鼠除了这个人该有的生活状态，还有老鼠该有的生活状态，比如活络。但是也是要有美感的，并不是真的表演一只肮脏的、贼头贼脑的老鼠，在形态中还是需要有雕塑感。

陈：就是说任何一个动作的亮相都是美的，像之前说的丑中见美，生活中提炼艺术，艺术中回归生活。

林：对。因为你随便看一个赌场里走出来的赌鬼，肯定不会好看，但是你把程式化的表演给他加上去，那就是一个艺术塑造的形象了。

陈：就是将这个形象放大化、艺术化，而所需放大之处，是有的放矢，有目标地艺术化。

林：就是典型化。娄阿鼠这个就典型在鼠性的动态、特征，但又不能真变成老鼠。这就需要演员拿捏得自然。所以王传淞老师教我的一个演戏的经验就是，去学戏首先要具备一个基础，就像学木工，所有工具我拿在手里都使得称心了，想劈就劈，想砍就砍，这个时候我就是自由的。再去向老师学戏，老师再同我讲道理，我就能把我的动作化进去，就能把我的功夫装配起来。

陈：除了王传淞老师，我知道您同好几位"传"字辈老先生都有交往，周传瑛、华传浩、沈传芷、郑传鉴……再和我说说您和其他几位老先生学习交往的事情。

林：那几位老先生都很喜欢我。郑传鉴老师唱老生的，后来在上海戏曲学校教书了。他喜欢喝酒，扒开眼睛早上就要喝酒，一天要喝三顿酒呢。后来年纪大了，也要两顿酒，总归两到三斤黄酒，喝得多，也慢。就是在他喝酒的时候，你坐下来陪着他，才能听得到东西。他吃得高兴，就会站起来表演给你看。我在他那里，学到不少东西。郑老师教我的东西，就是学习传统的东西以后，如何化成自己的、生活的东西。郑老师的喉咙其实不好，比较沙，高音又上不去，但是靠动作取胜。他就把这方面的经验教授给我。我经常接他到我家小住，他也喜欢住在我家里，而不住到那些学老生的学生家里。

陈：您很会哄老师开心啊。

林：他不喜欢洗脚，还被王传淞老师等人说过，我就帮他洗，我对他们非常贴心。他从早到晚喝酒，你要陪着他，要有耐心啊，因为他也不是一直在和你说戏，也要讲到点别的。

陈：您孝敬老师的同时，其实也得到了回报。

林：对。郑传鉴是在喝酒的过程中告诉我点点滴滴；沈传芷就是在氽浴（洗澡）的时候，他喜欢氽浴，每天都要洗，午前十点左右或者下午。

陈：您说的氽浴是泡混堂吧？

林：对，泡混堂，那时候南京十点就有泡了。每天陪他走到混堂也要廿分钟，他的脚那时候已经有些小中风了，要想学本事，就要陪着他。他氽浴的时候，会唱给你听。这个老先生本事可大了，他能在混堂里憋一个半小时，像我是半个小时就要逃出去了。

陈：混堂里头热，又不通风，很闷，是要吃不消的。

林：对，闷得我是一会儿就受不了了，逃出去，过一会儿再进去，他却还在呢。然后你给他说说话、擦擦背，他就偶尔给你说说戏。等出了混堂，坐在休息区喝点茶，再和你说说戏。

陈：您就是和这些老先生在相处中学习的。

林：对，不是刻意的，一本正经的。王传淞老师更加是如此，早上他喜欢喝茶，起床后就泡一壶茶，然后笃悠悠地吃（抽）根香烟，那我也陪他吃，要吃掉十几根香烟呢，连着来的。等喝茶喝饱了，才坐下来给我讲一讲戏。王传淞是跟陆寿卿学戏的，他说自己也不是被手把手带出来的，多数时候是躲在舞台边上看老师演出，偷学几招。陆寿卿吃鸦片，王传淞就每天服侍好他，等陆寿卿开心了，才会念叨几句，基本是不会站起来演示给他看的。

陈：所以你们师徒俩学戏的过程也差不多，都是在和师傅相处中自己有心积累，而且都不是学死板的一招一式，而是稍加点拨，领会精神上的东西。

林：对，都是靠自己去吸收，最好就是看到老师的演出。像王传淞学戏的时候，毕竟昆剧还算是比较高层次的戏剧表演，要看得懂，对观众的鉴赏力和舞台场合都有一定要求。作为那个时代的角儿，陆寿卿偶尔会去露露面，所以王老师就是趁着这个机会学到点本事的。

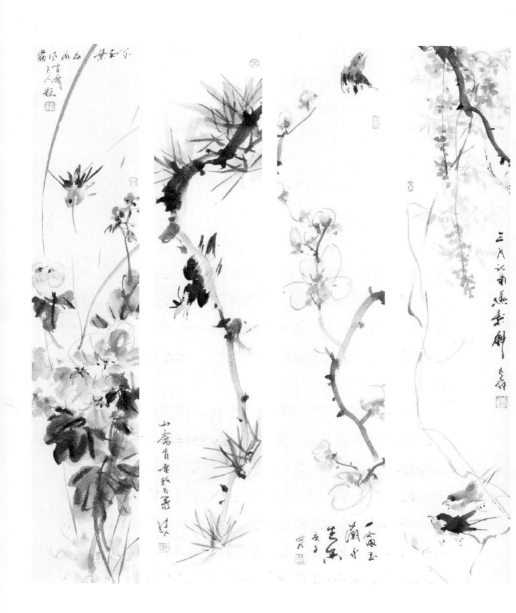

戏画记（五）

林继凡／陈未沫

陈：我们上两期都谈到了您和王传淞老师的师徒情谊。我知道王传淞老师的《十五贯》是最有名的，同时他学的戏很多，各路角色都入木三分，您和他确实是一脉相承。对了，您还有一个塑造得十分成功的角色就是曹操了，还得到了曹禺先生的好评。

林：说到曹操，首先不同的剧作本身所提供的角色色彩不一样，昆曲里演曹操就是定位在一个浪漫的色彩。一般演曹操，要么老生，要么花脸，要么是狡诈的白面奸相，要么就是有智谋的正面人物。剧作可以赋予角色不一样的色彩，角色可以附在任何剧作里，表现不同的特点。昆曲剧作里的曹操首先装扮就不一样，不是粗犷的，也不是儒雅沉稳的，而是灵动的，有创作余地的。昆曲里的曹操有时候会有花脸的夸张，也有老生的沉稳，演员就需要灵活转换。昆曲《连环计》里的曹操是年轻时的曹操，他还没有成为相，也没有做魏王，他正在伺机而动，只是政治上有抱负，但还没找到出路，不知道跟谁走。他肯定是想独立的，但是必须要借助别人的力量；而他本身又有锋芒，有野心，所以偶尔他会显露出张扬的一面，等他发现自己的张扬苗头不对时，他又会抑制自己。所以剧作里这个角色本身就是比较多变、矛盾的。

陈：听说后来昆曲不太演这个戏了。

林：因为这个戏原来表演方式比较温，没有凸显曹操人物的特色，我学的时候，看过老先生录像，看完以后总觉得缺了很多。这个戏，坐在那里半个多小时，坐到后面都坐冷了，没有引起观众多大兴趣，那肯定就有问题了。所以我就慢慢去想，如何根据我的表演来调动（观众的积极性）。有些地方听起来好像没有讲明白，没讲明白就让它没讲明白，不要多费口舌，到关键的地方把它点出来讲明白就可以了。昆曲的剧作上有这么一个拖沓的问题，因为作者本身对舞台的效果和观赏者的视角还是有拿捏不准的时候，这就需要演员去把它改一改，去完善它，让整体看起来流畅，符合舞台的要求。所以这段戏原本全是坐在那里演的，我就借助椅子、道具多编了很多动作，借助锣鼓节奏，将这出戏的人物观看性、生动性提高了。

陈：等于说，这个昆剧里的曹操这个角色对基本功的要求设计很多面，老生、花脸都要涉及。

林：因为昆曲"副"这个行当，他本身就把丑行的表演范围扩大到了上层社会的缙绅中了。"副"，副在哪里？它可以"副"在花脸上，也可以"副"在老生上，可以"副"在不同的人物性格上面，所以这个行当是活性最浓的！我这个是不是聊得有些太学术了？

陈：有什么关系呢？您聊这些的时候，眼睛里、话语里都有种别样的激情，这些东西已经融入您的生命了，就是您本身，我们这个访谈是写写您的故事，一点儿也不冲突呀。我之前也采访过一些艺术家，有画画的，有说评弹的，您是唱昆曲的，我采访他们的时候，往往发现他们所涉及的领域绝对不只是老本行，就像您说到的黄异庵先生，他的艺术成就一定是和他的文学修养相关的，而您在昆曲上的成就，是离不开书画和文学对您的影响的，所以我觉得成功的艺术家一定离不开在各个领域与自己本行的融会贯通。

林：这是一定的，而且是融会得越多、吸收得越多，在你用的时候，反而会越精练，会提取最有针对性的东西放到你需要表现的事物身上。不是说把所有的东西一股脑地倒出来，而是给观众留以想象。

陈：还有一点，我觉得成功的艺术家一定要懂得如何去"改"，要改出自己的个性，要改得与时俱进。

林：对，就是要把这一个"我"和这一个"曹操"结合在一起，相互碰撞、消化，最后表现出来的是我林继凡的曹操、林继凡的法聪。

陈：正如您老师王传淞先生所说的："不要学我王传淞，学我演剧中人。"

林：没错，他演的张文远和我演的张文远就不是一样的，不是说我是王传淞的弟子，这个戏是他传给我的，我就要演一个王传淞的张文远出来，这样演一定就完了。他是他，我是我。这个时代不一样了，审美取向不一样了，观众的要求不一样了，所以像你说的，一定要"改"，要让这个角色看起来就是他，把演员融化在角色里。虽然这种融化是双向的，也有角色融入演员，但主要还是演员融入角色，所以一个演员一辈子可以演好这么几个角色就不得了了，把他的性格特点融进一个角色里，他又从角色里体会到了角色的人生，他根本不需要去"演"，而是表演他本身。当然，舞台演员和影视演员还不一样，舞台演员要表现的东西往往更多。你采访过影视演员吗？

陈：没有，但是我个人很喜欢看各种演员的访谈，国内国外的都看，我发现不少影视演员，尤其是国外的演员，他们常常

会在演了一段时间的电视剧、电影以后，就暂歇影视工作，跑到剧院里演一些话剧、戏剧，来磨炼自己的演技。因为舞台上的表演和影视作品不同，需要经历一个比较长的、相对完整的排练周期，演员需要花费大量精力集中排练，要把整出戏的台词和表演都牢记在心；同时舞台表演时，是立刻接受观众反馈的，还有一个灵活变动性，甚至需要根据观众的情绪和现场的气氛，对表演进行即兴变化，这对演员的表演有更高的要求。所以我更欣赏有丰富舞台表演经验的演员，那种表现力、掌控力甚至台词功底，都是不一样的。

林：是这样的，我也演过一些电影和电视剧。

陈：我知道，我对您的影视作品印象最深的就是《春光灿烂猪八戒》里的太上老君，这个片子太经典，小时候来回看好几遍。

林：事实上我去尝试过一些影视作品以后，再回来演戏，也得到了"戏变得更好看"的反馈。

陈：所以说影视作品和传统戏剧也会相互影响。

林：对，相互渗透，相互影响、融合。我们再回头讲曹操这个戏，很光彩的，虽然是个冷门戏，但是到了"传"字辈先生下面，包括王传淞老师，他们基本上都不太演了，也都没好好演过。《连环计》其实是一出经典剧目。这出戏20世纪80年代第一次进京演出就引起了大家的关注，不能说轰动吧，但至少受到昆曲界很多人的关注。多年没人演了，也演不好这个戏，当时有好几个人给我写了评论文章，其中对我最为赞赏的就是曹禺先生。曹禺先生两次看到我的戏，第一次是20世纪80年代中期，第二次是20世纪80年代后期，也就是去评梅花奖演出的专场。

陈：你们之前有过接触没有？

林：没有，我只是慕名，知道曹禺先生来看戏了。他看完特别兴奋，上台夸奖我，说这是好戏，昆曲真了不得，能把年轻曹操塑造成这样经典的、入木三分的形象，"继凡把年轻曹操演活了！"他当时就是这样评价我的，我自己其实也没觉得演得多好，但我确实认真做了继承与发展。其实这个戏中后段有些拖沓，曹操性格的转化部分原本也不够鲜明，是我和我的搭档黄小午（饰王允）一起琢磨改进的。有时候我会有一刹那的灵感火花；运用桌子椅子的搬动、锣鼓的，节奏包括跪步、搓步、甩剑穗、看剑、拔剑的结合,我把这段戏凝聚起来了,把节奏提快了。徐城北先生在《人民日报》上发表过一个评论文章,叫作《书卷气上的三节跳》,就是重点为我《连环计》里饰演的曹操而写的。

陈:作为戏剧演员,在《人民日报》上能有一篇关于自己的表演评论文章,这是很高的肯定。

林:对我戏剧人生最重要的评论文章还是出自王朝闻先生的《未"将廊绕遍"——昆剧〈游殿〉观后》,发表在《中国戏剧》上,在当时它属于比较权威的戏剧杂志。凡是能上到"群星集"这个栏目的,都是有突出表演水平的演员。

陈:对了,您在《游殿》中演的法聪,是您塑造过众多经典形象中可以排进前三的,特别能抓住观众。

林:本来向王传淞老师学戏,口白一定是很讲究的,除此以外,我特意去拜访了黄异庵先生。

陈:我之前采访过评弹老艺术家,提到黄异庵先生都是夸赞,他的《游殿》我也找来听过,非常有意思,而且一点不落俗套。

林:我以前也只是在学校里听说过他,真正碰到他比较晚了,是1981年,在南京,黄异庵先生来参加一个红学研究会,是全国性的《红楼梦》研究会,至于为什么会请他去,这过程我就不太清楚了。

陈：这我也大概知道，他曾经参与编写了《红楼梦》的评弹脚本，脚本一经传阅，普遍被认为是只有黄异庵先生才能编出的脚本，因为里面的文化性不是一般人能写出来的。

林：是的，他本来就是从文学（界）进入艺术（界）的，小时候学过金石也卖过字画，七弯八转才到了说书上，他对说书还会进行文学研究，再加上自己生活上的积累，所以他的说书内容特别生动。杨振雄那个《西厢》的本子就是他的，他俩还因为这个事情打过官司。

他到南京大学，我知道他坐在下面看戏，看完我的演出，他还站在那里不走。等我结束谢幕，我看到老先生在那里跟我打招呼，我下台一问，原来他就是黄异庵先生，于是赶紧向

先生请教，希望他多提意见。

陈：黄异庵先生的《游殿》是被称为"活法聪"。

林：我就是知道这个，跟他讨教。他说："你演得蛮好，你演得与你先生不太一样。"他问我是不是和王老师学的，我说是的呀。他又问，那为何演出来的味道不一样呢？包括念白里，为什么不一样呢？我说，我自己改过了，我自从拿到那个脚本，我就有自己的想法，我就去想，为什么这个戏后来站不住了，为什么这个戏后来慢慢不演了？一定是有原因的。其实这个戏有点脱离生活，而且这个人物原本基调上有些问题，法聪应该是一个年轻的知客僧，最后却变得像个老吃老做、说说荤段子、吃吃豆腐的混客了。

陈：人物形象与故事脚本不搭了。

林：知客僧应该是接待什么客人说什么话，是会察言观色的，但是法聪这个知客僧在这出昆曲里，不应该只是一个知客僧。《游殿》里的法聪在碰到张生后，欣赏张生的才华，从而在张生身上学到了很多东西。法聪向往的应该是有文化的人的生活，等到张生和崔莺莺在花园对上眼的时候，"临去秋波那一转，便是铁石人也意惹情牵"。所以法聪除了知客僧这个身份外，他更关注张生与莺莺之间的感情发展，当然也触动了他对男女情爱的向往。他是渴望、欣赏这个的，但是他知道自己不会有这个机会。

陈：但他一定是善良的，想要帮助有情人。

林：对，所以我把这几点转化进我演的法聪里，就把他变得十分可爱了。里面一些荤段子、太脏的东西，我觉得要拿掉。可能过去有一个时期，观众喜欢听这些，甚至是直奔这些去的，脚本更赤裸裸讲到性，所以塑造的法聪形象也是比较猥琐的：比如说，手里拿着一把扇子，嘴里念着阿弥陀佛，手肘却有意无意地去蹭别人胸部。

陈：这确实是与时代不符的糟粕，应该去除。

林：对，这样就比较自然了，我把它收缩掉了，让法聪一出来就是干干净净、机灵聪明的。法聪为什么叫"法聪"啊，他就是聪明啊，懂得鉴貌辨色。后来我拜读了黄异庵先生（的《游殿》），他的书里有不少描写法聪心理活动的东西，我觉得非常到位，有血有肉。所以黄异庵先生说我和我先生不一样的地方，就是我演的法聪年轻化了，而且人物形象也塑造对了。

陈：也是符合时代的。另外您平时就喜欢写字画画，自己的气质也带给了法聪不一样的感觉，所以评论说您的法聪"雅"。

林：我三十来岁的时候人也不胖，扮相也好，加上平时的修养，整个人看上去会有书卷气，就不是一个俗气的和尚，也就是又回到了俗中见雅、丑中见美，从生活中提炼艺术这个老话上。所以我一直坚持生活中要做个正直、真实的人,不要虚伪,是怎样的人就是怎样的,把生活中的真诚带入表演,这样你的表演才能让人接受,这是一脉的,有穿透力、有血有肉、真实可信的。

陈:扑面而来的真实再加上艺术修饰的美,才能更加抓住观众。

林:是啊,这样才能做到尽管是丑角,然而做出来的东西却是漂亮的。后来我在上海,正巧碰上黄异庵先生演出,就是演《游殿》,我跟到书场去看,那个唱词和我们昆曲是一模一样的,一点儿也没改:"和尚清雅,会烧香能煮茶,挂一幅单条画,供几枝得意花,收拾禅房多潇洒,西天活佛定该咱……"但是他唱得比较慢,切音也比较重。唱的时候眼神所交代的都是景,而这些景就代表了他的身份。寥寥几句就交代了身份,黄异庵在台上笃笃定定、慢条斯理地唱,当然我们(昆曲)演出时候节奏不是这样,要再变一变。

陈:好的演员好在他可以凭空给您画出一幅画来,他能够给观众带来想象,而不同于电视或者相机给您拍出一幅画来,那是死板的,反倒不如想象出来的精致生动。

林:对,要真实,要活灵活现,要产生一个生动的画面,所以大家说黄异庵先生的法聪是"活法聪",也说我的法聪是"活法聪"。黄异庵先生的"活法聪"是说出来的,而我的"活法聪"是演出来的。

有些台词从我嘴里念出来就会感觉有文化,不是圆滑俗气、讨观众一笑的。再举个例子,之前说了《游殿》里面本来有不少黄色的东西,说那个放生池,"池里有几化奇形怪状个物事拉化,有有头无脚,也有无头有脚,也有有头有脚,也有无头无脚",有头无脚是什么?"黄鳝搭子鳗鲤";无头有脚嘛,"蟹搭子螃蜞";有头有脚,"乌龟搭子鳖";无头无脚,这里就黄色了——"张相公搭子阿姨";张相公一吓,改口,"蚌搭子蛤蜊"。

陈:这倒是非常形象化了。

林:然后我就把这个"张相公搭子阿姨"改了,改成"磬搭子木鱼"。

陈:这么改就更好了,不仅把黄色的东西去掉了,而且依旧很形象,而且木鱼和磬又是和尚庙里常见的东西。

林:《游殿》里好玩的东西还有很多,但是你演起来就是需要自然,要让张生也能理解,陶醉于你绘声绘色的描述。

陈:因为张生是个书生,对着他乱开黄腔不合适,应该要把词改雅。另外昆曲本身相较于其他戏剧是雅的,也不适合把昆曲表演成二人转。再加上您表演的时候,戏剧已经不单单是劳动人民闲暇时间的消遣了,而是上升到了艺术的层面,这种改编是具有时代性的。

林：对，戏曲里出现的荤段子曾经是一部分观众的需要，当然这些是比较民间的、直接的，也是比较生活的，所以有这么一段时间戏曲会在舞台上直接表现一些比较直白的东西。但我觉得这是不对的，因为艺术是生活中的提炼，还是需要有美感的、可教化人的，应该是在寓教于乐中让人欣赏到美的，不管是内容、舞台表演程式还是服装，都要上升到美的层面。艺术本该有这样的功能，昆曲更该具有这样的格调。

陈：您提到艺术的教化性，我觉得这个很重要，艺术的终极功能应该就是教化。都说艺术是从生活中来的，所以最终一定要回归到生活中去。昆曲上升后，不单是解说剧情和表演，还上升到文学高度，以及人物心理、性格的碰撞和矛盾。但是艺术的教化性这个问题，是很多搞艺术的人所忽略掉的。很多人说自己搞艺术，弄出来的东西毫无意义，根本没法叫人看懂。

林：是的，观众是需要艺术的，特别是有一定文化修养的，在昆曲的表演艺术中，除了那些风花雪月的爱情，那些生旦主角的戏份外，还能看到"十副家门"中任何一个行当的戏份。所以昆曲最好的地方在于折子戏。折子戏是在很长一段历史中逐渐形成的艺术格调。观众来看一出戏，不一定非要了解戏的情节，内容都很简单，就说《游殿》：知客僧领着张生游殿，碰到了莺莺和红娘，引起了莺莺和张生的爱慕之情。但是《游殿》这出戏前面演的，好像同主要内容完全没有关系，它好就好在这里，它把寺庙里的生活、僧人对凡间生活的想象都描写得很到位；不是全篇着重描写主角莺莺和张生如何互相吸引，而是从一个年轻和尚入手，把一个和尚的形象活灵活现地展示出来。观众通过看这个和尚的表现，来读莺莺和张生的故事。

陈：因为生活中不光都是主角的故事，大部分还是配角的人生，是普通人，是小人物。

林：是的，有一些是底层的人物，他们的生活情趣也不高，但他也是活生生的人，很善良，也很可爱，而我们就要挖掘他们性格里美的那一面，再通过艺术表演，贴切自然地反映到舞台上去。

陈：艺术本身不应该是为娱乐而娱乐。

林：戏是演给观众看的，最终要提升观众的精神和审美。让艺术具备教化性，就是现在我在做的这些事，我在尽力完善的，我自己对自己是有这样的要求的。

陈：您对自己有这样的要求，让昆曲之美、昆曲之意义传递出去，把这看成了一种责任。

林：对，我自觉地有这样的要求，靠说教是没用的，要把人物演活才行，让人物活在观众心里，才是成功。

陈：像《游殿》里的法聪，您演的是《西厢记》故事里的配角，那么像《情勾》里的张三郎张文远，这是属于主角戏，您是怎么看这些主角戏的呢？

林：说《情勾》这出戏，其实也是一出很好的爱情戏，阎惜姣嫁给宋江以后，得不到关注，得不到她所渴望的爱情，这时候来了一个张文远对她关怀备至，她就自然而然地被感动了。

陈：这出戏里流露的爱情，也是阴阳相隔的爱情，虽然有恐怖滑稽的成分在里面，但细品之后，这份爱情也非常美丽，不比《西厢记》的差。

林：是的，虽然张三郎有过犹豫，有过恐惧，但是最后还是心甘情愿地被阎惜姣把魂魄勾走，所以这个戏后来不叫《活捉》，改叫《情勾》了。包括张文远听说阎惜姣被杀，哭了三天，以前老先生留下来的本子这段演得比较夸张做作，我都做了改进，后来演出的时候就把这段演得比较真挚，就演出了一个人对待自己情人死亡后内心真实的悲痛。

陈：真实又有美感。

林：是啊，死亡本身也有美感，不是恐怖惊悚的。它没有直接描述阴森恐怖，而是用一切来表现一个"情"字。同时还要表现美，哪怕是如胶似漆的场景，舞台上也是要有距离的，是浪漫的，靠观众意会的。

陈：听说您和评话大师金声伯先生也有讨教？

林：是的，金声伯老师很早就成名了，1958年的时候名气就很大了，后来调到省团去了，就是江苏省评弹团，我那时候已不在江苏省戏曲学院评弹班了，因为评弹班解散就去了昆剧团了嘛。金声伯调到南京后，在省曲艺团，我就接触到了他。那时候我还小，听他的书，觉得很有趣。后来还一起演出过，那时候江苏省团组织的重要演出里，总会有他的，他的书都是用来压台。他也看到我的戏了，也挺喜欢我的，我就同他交流开了。一开始主要是靠听和看，真正和他接触就是创作《看钱奴》。那时候他已经回到苏州了，戏里有几个重要场次里的"包袱"，我总觉得（"抖"得）不够。不像《游殿》里的"包袱"，往外"抖"出来，是百听不厌、百看不厌的，创作新戏《看钱奴》也要有这种东西。所以就请金声伯先生来，帮忙出些点子。他一直挺关心我的，他也觉得创作一个大本子，确实需要有几个"站得住"的、经典的东西。

陈：据我所知，您是1990年第八届中国戏剧梅花奖的获奖者之一，听说您一开始不愿意去领梅花奖？

林：我觉得没必要，不想拿，但是北京那边非要我去参加（评奖），还以为是我们团里压着我，不让我去，专门找我们团长说了这个事情；于是我们团长专门来给我做思想工作，我才勉强去的。

陈：为什么不想去呢？

林：那时候我在上海拍电影，拍了三四部电影，精力已经不在那（戏曲）上面了，那一阶段戏曲不景气，再加上一些乱七八糟的事情，争名夺利的，我就觉得没意思了。

陈：艺术沾染上这些就不纯粹了。

林：对，我不喜欢这样。后来回到苏州也是，省里想让我做团长，我也不想要，我宁可退休。当时领导给我几个选择：1. 昆曲博物馆在建，让我建成后去当副馆长；2. 到团里当副团长；3. 到昆曲学校当副校长。我就选择去学校，稳定也实在。

陈：当老师确实是最实在的，自己的艺术得以传承、发扬。

林：现在团里几个出来的，都是我招来的，其中还有我过世的爱人。我的眼睛估人身高体重都很准，因为后来我在苏州长期从事招生工作，每个课堂我都亲自跑，经常观察我就能一下看出来。

戏画记（六）

林继凡／陈未沫

陈：老师，最后让我们说回昆曲。昆曲是需要一定的文化水平才能看的，您认同吗？

林：对，对，昆曲确实比一般的剧种都更具有文学性，剧作本身都是非常优秀的文学作品。明代传奇是一个巅峰，再到清代，应该说确切到京剧徽班进京之后，京剧花部兴起，雅部（昆剧）就衰落了。为了满足当时宫廷皇族的品位，贴合他们的文化层次，整个国家的戏曲文化水平就开始下降了，对昆曲的欣赏能力也就下降了。这些和政治都有关系的，慈禧特别推崇京剧，京剧就兴盛了，京剧就是比较表面的东西，声腔艺术也好，技巧也好，昆曲要涉及的太多了，文学、音韵、词牌等，里面是非常深奥的，就像你说的对欣赏的人的文化水平就有要求。到民国，更是衰微得厉害，虽然还是有一批人在提倡，主要是具有民族主义思想的资本家，经营纱和丝的，是比较有文化的企业家。

陈：现在管这样的叫"儒商"是吧？

林：是，这些"儒商"觉得昆曲好，想方设法建立了昆曲传习所，有了"传"字辈，多少把火种保留了下来。因为昆曲艺术不光是文学、音乐这些摆在案头的东西，是从明代开始形成到清代以后发展至成熟的一种表演形式，到了一个不能轻易改动的高度，也缺少有这种水平的人去改动，所以这个艺术的发展就此画上了句号，这对于艺术来说应该是不对的，因为艺术必须要随着时代的进步而发展，而昆曲的发展现在就是相对停滞了。所以也就造成了一个曲高和寡的景象，欣赏的人也是这样，有一部分人甚至认为：你们其他人别来欣赏，也不需要你们来欣赏，昆曲只需要小众。

陈：昆曲本身设置了门槛，昆曲的粉丝又人为划了等级，资深的粉丝看不起入门级的粉丝。

林：对，这些（资深的）人还陶醉在自己的小世界里，但是艺术一定要具备大众观赏性。当然我也认可，不是所有人都能欣赏昆曲，还是需要一定的门槛，没有文化的人确实无法欣赏，必须有自己的文化积累，有一定的艺术修养，才能去理解它。

陈：这几年昆曲再次回归大众视线，白先勇先生的青春版《牡丹亭》居功至伟，让昆曲再度以阳春白雪的高雅艺术姿态，受到观众尤其是热爱小众、小资文化的人们的追捧，其中不乏年轻人，这是一个很好的现象，越是传统的东西反而越需要年轻的人去关注，这样传统的生命才能得以延续。但是并不是说追捧的人里，大家都听得懂，甚至有一部分人，只是给自己贴了一个"昆曲爱好者"的标签，装模作样，并非真正喜欢、了解昆曲。您对这种现象作何评价？对昆曲的复兴是看好还是另有看法呢？

林：确实我很感激他们做这个事情，使得昆曲得以复兴，吸引这么多人来关注，你说的没错，确实有这么一部分（爱好者）是听不懂的，但是得以提升关注度，总的来说还是好的。而对于我们演员来说，我认为也是一个很好的激励，关注度上去了，你的艺术也要跟上。我会经常去反省自己的不足，不能躺在井底，老祖宗留下的宝贵财富，我还要好好挖掘，不能满足现状，更何况是现在的年轻人。我自己老是觉得时间太短了，我从1962年开始到1987年，跟着王传淞老师从一起生活、学戏、演出、拜师再到后来小有成就，这么几十年，也是非常快，我感觉自己还没有真正地渗透到这个行当里。我好在不是跟一个老师学，学得比较广，老生郑传鉴，小生沈传芷、俞振飞……俞老师真的有恩于我，小时候把我领到徐凌云门前，后来20世纪80年代初开始我小有成就了，拜师什么的都受到了他的关照，后来他作为领军人物和几位老学者做《大百科全书——戏曲曲艺卷》，排江苏、上海等地方的代表人物，可能从资格上讲，我相对年轻，还不够格，但是俞先生还是极力地推荐我上去，说新中国成立后培养的江苏昆曲代表人物是张继青、林继凡。我当时也不知道（上了大百科全书），等书要出版前，南京大学文学系的吴白匋先生给我打了个电话，他说："继凡，告诉你一个好消息，你被大百科全书收录，是不容易的，俞先生极力推荐你作为江苏昆曲代表，这是你应得的。但是你也要更加努力，真正做到实至名归，知道自己的责任，把艺术发扬光大。"听到这些话，我是真的觉得俞先生对我很好，虽然我们见面的机会也不多，但是只要有时间，他都会来听我的戏，给我提点建议。1978年他在南京排复出后第一个戏《奇双会》时，俞振飞先生点名要我配里面的一个丑角"胡老爷"。

陈：俞振飞先生非常提携晚辈。

林：对，他看到好的演员，就打心底里喜欢，希望你能够脱颖而出。之后王朝闻先生给我写了评论文章，我就开始得到北京一些专家、评论家的关注。每次我演出，他们都会来看。其中有一位黄宗江老师，特别爱看我的戏，因为他尤其喜欢看丑角戏。他后来和弟弟黄宗洛去美国讲学，两个人用英文给美国人演了《十五贯·访鼠测字》，英文是英若诚——英达的父亲给翻译的。黄宗江不仅每次都来看我的戏，座谈会也发言了，他的发言写出来就是理论文章，没有一个浪费的字，口才极好。他对我评价很高，他说："林继凡，一个南方来的昆丑，不管是主角还是配角，都把角色演活了。"他还说我是"一个大演员，即使演小角色也是一个大演员，能用一点戏把角色演活，小人物都见光彩"。

陈：对，好的演员就应该这样。不被角色和自身条件所拘泥，演什么像什么。

林：还有吴祖光、新凤霞也都很喜欢我的戏，后来知道我还画画，所以他们也会给我写些字、画些画，我还留了一点他们的作品。

陈：所以您和这些专家、老师的交往，对您影响很大。

林：是的，哪怕只是在一起说说话，也能得到启发。比如曹禺先生也是，看完一出戏，马上又来看我一次，然后邀请我去他家里，很可惜当时没有相机，没能记录下来，在他家里我们一番长谈，还和他喝酒。我临走他送了我许多酒，很开心。

陈：必然开心啊，碰到知音了。曹禺先生一定也很开心，因为他见到您那一代里昆曲艺术表演的光彩。林老师，我看您家

里也有很多酒瓶,都是您自己酿的?

林:对,但是最后却都给我的朋友喝去了。他们知道我酿酒,算好时间来,我倒不多喝,最后都让他们喝了。所以我这一路走来,我们叫"轧大道",这"大道"上的老师们对我的影响都很大。但这些都是冥冥之中的,不是我刻意去找他们交往,就像王朝闻也是这样。王朝闻,现在很多年轻人都不知道了吧?

陈:应该是很少有人知道了。我因为要采访您,也是之前做了些"功课"才知道的。不然不涉及这一块,也不会有所了解。

林:他当时在中国艺术研究院当副院长,主要评论美术,但他不只停留在美术上,他喜欢戏剧、音乐,因为是四川人尤其喜欢川剧,也看京剧、昆曲,因为王传淞而关注到我。

他是一直不停地在关注、捕捉戏剧角色的生命力,所以他对演员的表演很敏感,一看就知道你演得到不到位。再加上他的文学修养和积累,所以他写的评论不是死的、钻牛角尖的,而是活的。

陈:就是说不是乏味晦涩的,而是生动易懂,但同时又直击中心的。

林:是的。所以他的评论对演员的启发也很大,后来我就认真琢磨他的美学观点,放在我自己的表演上,对我后来的演戏有极大的促进。

陈:等于您本来就有了实践,再碰上老师们的点拨,再化到您的表演中,再靠实践来调整、融合这些理论,在不断来回的过程中就造就了自己的艺术。

林:对,就像画画常说要"打进去走出来,再打进去再出来",一定要有几个来回,才能有所升华和改变。

陈:现在不怎么演了,主要回归到教学了,在这个过程中您有什么感悟吗?

林:教学和我的表演是相辅相成的,在对学生的言传身教中,我自己也在翻来覆去地思考、总结我原来的一些东西。

陈:同时还在琢磨新的东西?

林:对,我冷静下来,对比过去,在教学中琢磨,对我自己的表演艺术是种提高。另外，我也在思考，我要怎么把我的认知教授给这些学生，我要教会他们活学活用、学会创作和演人物的方法，不是照搬，而是更要贴近生活、贴近观众。最近我的学生想排一个大戏，就是由郑廷玉的元杂剧改编的《看钱奴》，我想想办法和他一起努力。

陈：我看过您出演的《看钱奴》的文字评论，也是颇受好评的一出戏啊。

林：这出戏在我的舞台生涯里也是很重要的，经历了从学习到创作的过程，是在毫无舞台表演借鉴的情况下，以丑角贾仁为主角，并且演出成功的一出戏。我既是导演之一，也是主演。其实以前我也排了很多戏，我就没挂名，这出戏排了很久，五年里和剧作家一起改了好几稿，北京的专家也来看过。但是由于一些比较复杂的原因，没有去北京演出，很可惜！

陈：艺术最怕和这些挂钩。

林：对，我自己很不喜欢这些，所以也不参与。最后这个戏在台湾演了一次，在台湾演出的效果特别好，于是就有评论和座谈会，说这个戏是"杀出的一匹黑马"，是好戏，有人民性，等等。如果有可能，我还想和我徒弟及苏昆一起，把这个戏再弄一次，现在再排这个戏，也许还能有更新的想法。

陈：戏剧就是这样，代代相传，发扬光大，同时也要不停调整，适应时代。

林：希望我们的后来者，带着对前辈的尊重，又不满足于现状，不拘于某个人的表演程式，开拓创新，去主宰这个时代的舞台。

陈：除了戏剧，我觉得您的画也很有自我特色。

林：我比较"甩得出"，画画只要我能动，就会画下去；当然我也不是每天都在画，也是在有灵感的时候，就去画，是有探索性的，不画和别人一样的。

陈：那您对现在（学艺）的年轻人有什么想说的吗？

林：他们现在碰到的机会肯定比我们那时好。

陈：时代好，生正逢时。

林：对，我们那时候是生不逢时，有东西也没地方发挥。

陈：那么最后您对这些将来延续您舞台的后生有什么要说的？

林：我希望他们还能继续学习，方方面面都要学，不要学得太单一，因为有时候我觉得现在他们好几个人加一起都不抵我一个人。

陈：那是因为您学得多，会触类旁通，现在的学生一般都是只攻一块；而且您有这么多年苦练的积累，现在没有您当年学戏时条件那么苦，也没有那么大的压力和那么强的使命感，从功夫到意志上都会多少欠缺一点。

林：对，所以希望他们可以"厚实"起来。我还一直对很多事情抱有兴趣，我喜欢音乐，会去听音乐会；喜欢话剧，会专程从南京赶到上海看演出，所以我后来才能去演电影和电视剧，演的还是一号人物，演出来的东西也多少还能看看吧。

陈：我也时常觉得兴趣爱好不要瞎玩，要变成一种积累，你不知道哪天就能派上用场。很多东西之间有相同性，就像您的兴趣爱好都是艺术类的，艺术的相通性就体现出来了。

林：你可以从这些东西里领会到很多，这种借鉴很重要。像你从事文字工作的，也是这样，要接触、吸收很多东西。你看王朝闻先生给我写的评论文章《未"将廊绕遍"》，这个题目不是谁都能取得出来的，它是出自《西厢记·游殿》里张生唱的一句："游了东方，登了宝塔，将回廊绕遍。"借助这么一句唱词，来表达他对演员将来不断提高的期待。

没有台词的演员

顾志聘

一起针

"我叫张安菊,出生于1961年11月,1979年考入苏州刺绣研究所。1979年后的毕业生不是统派去单位,而是自己找工作,当时大家一听研究所,觉得灵的,感觉女孩子做做刺绣蛮好的,所以去试试看。"

张老师从最初讲起,当时去参加考试的人非常多,她是陪一个小姐妹去,她很喜欢刺绣,说一起去看看,就一起参加考试,结果录取了。"我去研究所之前不会刺绣,在家连针线都没怎么拿过,顶多钉纽扣什么的。"张老师说。

与张老师同一届考入刺绣研究所的高红生于1961年3月,当问及选择研究所的原因时,她说:"当初考研究所,我外婆说,女孩子去刺绣研究所没什么工伤事故,环境好。当时考试的时候，我们考了素描、刺绣和文化知识，我去研究所之前也是从来没有接触过刺绣，什么都不懂的。"

1979年，第一次拿起绣针的张安菊和高红也许还不明白这一举动的意义，她们这一拿就是37年。

高老师三年学徒的时候就跟着老师绣花鸟，当时带培训班的吴晓老师就专门教花鸟，她毕业后也就继续做花鸟这一块。

高红老师于1982年进入刺绣研究所的花鸟工场，开始正式的苏绣创作。"我一般是做大型的，几个人一起合作，屏风那种，都是双面绣的。大家要配合着做，不能你想怎么做就怎么做，要整体统一。以前是以传统的为主，现在呢就是根据画稿，刺绣受到人审美的变化影响，要紧跟时代，不是说传统的鲜艳光泽就一定好，要接近画稿，要有层次感，有主题，不是纯粹从刺绣的角度考虑。"

相比高红老师，张安菊老师的经历要别样一些。张老师在三年学徒期满后，开始专业学习双面绣，之后进入鱼工场。"刚进研究所的时候大家水平没有好坏的，都一样，后来在我们录取的人中再挑出了20个人成立了另一个班，有一个老师开始教我们双面绣，绣花鸟。学了两年多，然后就按擅长的东西分一个专业方向，我当时分到了绣鱼的方向，绣过鲤鱼和金鱼还有其他的鱼，做了一两年后，我师从沈寿的传人——牟志红，从那时起算是正式开始学习苏绣文化，跟着师傅做人物，比如古代仕女。"

1986年，张安菊老师被选入刺绣研究所里的细绣针法研究室，跟着牟志红老师潜心研究各种题材的古代仕女绣作。

二 传承

"做刺绣，要先上绷子，然后有人专门沿着棱角线勾稿，把勾稿订在绷子上，再由画家把底稿勾在绷子上，再配线，一个颜色有很多色阶，最后才是开始绣。刚进刺绣研究所的时候我们都专门培训过，画图、色彩、勾绷子，都是基本功。"

高红老师说起刺绣工艺的熟稔程度，仿佛在描述一位相识已久的老朋友，她补充说："刺绣只能用自然光，灯光下刺绣作品的色彩就不一样了。我们都不开灯的，所以最好是天好，天不好我们就只能挑不关键、不需要添颜色的地方绣。现在雾霾，到了四点钟天色暗了，就只能先搁一搁。夏天白天长，我们就晚点下班，自己调整。"

刺绣是一项孤独的艺术，往往一整天里只有你一个人面对一幅画稿，任窗外景色变化，有时入了迷，再抬头的时候已近黄昏，万家炊烟袅袅升起，端详今日绣的方寸之地，收拾针线起身回家。外物的变化,时代的变迁,好像没有在她们身上留下印记。

"改革开放的时候,外面的诱惑比较大,很多人都自己做老板了,可以自己去开工作室,或者自己寻求合作的伙伴,不自己做刺绣了,而去做生意。我没有受经济的诱惑,扔掉自己的行当,仍旧耐住寂寞在绷子上继续研究。20世纪末有一阶段经济不太景气,不少人都改行,要么就是改专业,我也改过专业。2001年的时候,我根据单位里的安排,根据市场的需要,我开始专门做古典山水。"张安菊老师在2001年改行从未接触过的山水画,没有老师教导,全凭一腔热爱,自己一点点悉心钻研。

"其实我们刺绣研究所的人经历都差不多,因为从没有跳过槽,也没有转过弯,一直都是默默无闻地在做刺绣。外部环境的变化几乎对我们没有影响,就是在不断地完善自己,现在趋势是怎么样的,我就慢慢地适应过来,升华传统的东西。有新的题材,就自己研究些新的针法,怎么穿插进去画面感比较好,这些就没有老师教了,都靠自己想,要有点天赋和悟性。有时候做做会觉得枯燥,做不下去了,就要自己调整。"

高红老师看着自己的绷子,表情淡然,也许是身边有无数人都默默坚持,不变初心,让她觉得孤独并没能影响这一群苏绣人的热爱。

三扬弃

"我现在绣的一幅是新品种,属于创新的,有开拓性的,按照画家的原稿来刺绣,这是我们刺绣行业中的最高境界,原稿最是难做。'一画一绣'是我们公司尝试的主题,就是你的刺绣作品要敢于放在原画旁边,很有挑战性。"张老师说起现在的工作,有一点小兴奋,张安菊和高红老师都在刺绣研究所工作到退休,后被孚艺苏绣公司聘请,"我觉得这里(孚艺苏绣)对于我一生的刺绣生涯来说,是一个更高的平台,也是我们研究刺绣的一种追求。"

"我捏针线三十六年,感觉我们现在的刺绣比上一辈的漂亮。"张安菊老师解释说,传统的苏绣有"平、光、齐、匀、和、顺、细、密"八字特点,随着一代代的传承和发展,绣品有了一些演变。"以前还局限于题材,小猫金鱼啊,即使是古画也有局限性。现在我们做的一个是继承传统做古画,像唐寅、文徵明的,还有一个是发扬我们苏州当代画家的风格,绣山水、人物、静物等,题材很广,做出来的绣品档次也提高了。"

但凡提及传统工艺,总绕不开古典和现代的取舍,书画如是,刺绣亦如是。"取其精华,去其糟粕"未免笼统,张安菊和高红老师有更具体的想法。"我现在一边是自己研究苏绣文化,一边是传承苏绣记忆，带着大家一起做。我指导十几个学生，在生产中教他们怎么做，逐步把他们的水平提高上来，目前为止，不少人已经做得很好了，技艺水平提高得也很快。在这里（孚艺苏绣）环境和条件都比较好，我本身也是出于对刺绣的热爱，不仅自己要会做，还要把经验传下去，然后让学生再发挥在各种各样的作品上面。我们行业里说起来是'一辈子为他人作嫁衣'，作品的产权是老板的，作品也都卖掉了，但技艺和经验成果是自己的，现在沉淀下来有用处，我把经验教给大家，刺绣仍旧能够传下去，这些是最开心的。"

张安菊和高红老师深知传统手工艺的传承必要性，将自己作为苏绣记忆的一部分，倾囊相授，古典精华和现代新创融为一体，千百年来，苏绣也正是这样，一代代历久弥新。

"现在外面也有机器做出来的作品，但如果要做到我们这个档次的作品，那机器肯定是代替不了的。我们把人家做烂了的题材再捡起来重新做，对于热爱刺绣的人来说是一个很好的平台，既能发挥自己的专长，也有比较多的时间自己静心研究创新。在苏州刺绣研究所，像我们这样真正喜欢刺绣的人是蛮多的，说穿了我们在研究所那个平台上就是没有台词的演员，不需要我们有台词，专心做就好。像我们这样的有好多人，都默默无闻，喜欢刺绣，只要做好自己的作品，别的外面的世界跟我们无关，名利啊什么东西啊无所谓。"

专门为刺绣著书立说的尚且不多。今日将两位苏绣老师的采访整理一番落字于白纸之上，"没有台词的演员"有了一次发声的契机，讲述了一些属于她们那一代人的记忆。苏绣的历史绵长，各代均才人辈出，珍品逾千，然而无名刺绣者千千万，在某种程度上，她们才是苏绣一路走来的根基，是融入每一件绣品里的千丝万缕。

每位刺绣人手中都有一支绣花针，但如何绣出自己的人生，却是各有千秋。

黄春娅：绷子上的字里行间

顾志聘

景德路旁环秀山庄，入园径向东走，曲折回廊，庭院深深。复前行，可见一亭，亭中一副刺绣绷架，架子左边挂着五颜六色的丝线，缕缕缠绕，一阵风拂过有若蝴蝶翩跹。右边铺开几张白纸，上面间或写着字，笔迹娟秀。前方立一块画架，画面中金丝猴目光炯炯，神采奕奕。亭中光影变换，偶尔一朵云飘过倏忽没了踪迹，影子拉长又缩短，光阴罅隙间犹若庄周梦蝶，不知花底人世间。

下午五点，黄春娅照常下班走在回家的路上，空气里盛满水汽，河边的青蛙有一搭没一搭地唱着，她计算着自己为猴年绣制的那幅作品还需多少时日，金色丝线可不好配色啊，她这样想。无意向河边望去，她注意到了一株小花，盛放的花叶带着点滴雨水，煞是好看。黄春娅拿出手机仔细摆弄，镜头中花朵纤细的茎叶和脉络清晰可见,蓬勃的生命力和美感几乎是瞬间感动了她。黄春娅觉得心中似有所悟,她快步走回家中,打开电脑,记录下了这一点滴的幸福,等到写完再抬头时,已是漫天繁星。

然而,这并不是一次偶然的写作,在黄春娅的电脑里,按照时间和内容,已经写过上百篇记录随笔。这些随笔的内容,还得从1973年说起。

1973年夏,高中毕业的黄春娅被分配进苏州刺绣研究所,学习从未接触过的苏绣。那个年代,人们按部就班地学习、工作,犹如一只只牵线的纸鸢跟随风的方向,而他们本身并不清楚轨道。十八岁那年,黄春娅飘飘然落在了研究所的院子里,看着四周葱茏的草木,小院中独有一股远离尘嚣的淡然气息,好动的她第一次坐在绷子前,不知所措。

在经历了自由创作的几天后,研究所分配给黄春娅的指导老师来了,老师看到她"抽象派"的绣品后温和地笑了,她拍拍黄春娅因为紧张而绞在一起的双手,说"不急,慢慢来",然后从配线开始,一点一点手把手地教她。后来黄春娅才知道,这位领她进刺绣之门的老师,就是虚实乱针绣的创始人,中国工艺美术大师任嘒閒。

任嘒閒拥有很多光环和头衔,然而在黄春娅心中,她的老师最真实也是最伟大的样子,就是和她一起讨论作品的时候。有一回任嘒閒老师把黄春娅喊去绷子前,指着自己的作品问她,有什么不足之处,黄春娅愣了几秒,那时候的她还是刚入门的新手,而老师却声名在外。任嘒閒说:"三人行,必有我师。你大胆说自己的想法就是。"这样一句话让黄春娅铭记至今,一位好老师,不仅传道授业,更能育人立德。后来,任嘒閒多次与她交流自己的作品,倾心教导黄春娅刺绣技艺。

在黄春娅的学习进入正轨后,任嘒閒老师要求她养成写总结的习惯,每完成一幅作品,都要记录刺绣内容、完成过程、遇到的困难以及解决方法。时间总是倏忽即逝,记忆会模糊细节,唯有文字方能留下一二。黄春娅在日复一日的总结中逐渐拓展开来,她认为人应当适时回首自己生命的段落,更要及时记录生活带来的火花,当她从老师的只言片语中领悟到人生时,当她见到一片落叶翩然而至时,她都会提笔写下那一刻心中随想。而一个人能够保持对这个世界的细微感知,而不至于变得麻木无趣,这件事本身就值得感动。

"在绣制这幅作品时,我聚精会神的心灵为之颤动,沉浸在一种渴望创造、渴望表达的状态中,以自己激动的情绪和想象力,反复推敲,不断实践,尽可能以独具一格的刺绣手法,将一件人所共知的作品表达出全新的意义。"这是黄春娅在完成一幅艰难作品后写下的话语。

为了在刺绣上更进一步，1977年，黄春娅前往南京艺术学院学习油画，她的老师是著名油画家苏天赐。起初接触油画，黄春娅总是不得要领，她在一篇随笔中写到，有一次她差点崩溃，狠狠地把画稿丢掷一旁，而当她第二天到画室时，却见到苏天赐老师将她的画稿重新压平整，耐心地表扬她画中仅有的闪光点。听着老师循循善诱的话语，黄春娅热泪盈眶。事实上命运从不会辜负经历，所有的一切都是风景，绘画的学习对黄春娅日后的刺绣道路帮助良多。

"艺术品的创作是一个从必然王国走向自由王国的过程，如何转变，这是一个艰苦的劳动过程，需要厚实的艺术功底，需要广吸博纳各类艺术营养，提高自己的审美品位，更需要有不断创新的思维与理念。在当前新的环境下，我们要不断用新知识、新技术来充实自己，以一颗献身艺术的赤诚之心，把创造新的刺绣艺术精品的劳动作为自己神圣的使命，在这个过程中享受最大的人生乐趣。"黄春娅对于苏绣的发展有了一个全新的认识。

在改革开放前，苏绣作品大多是小猫和金鱼之类的传统内容，那个年代，开拓创新绣品的题材显得有些肆意大胆。然而，三年的油画学习使得黄春娅已不仅仅满足于传统题材的作品，她渴望一种不同以往的苏绣气象。1986年，美国摄影师罗伯特来到刺绣研究所，黄春娅知道，学习的机会来了。

当年与罗伯特合作绣制的那幅《野地红叶》，在前几年的拍卖会上拍到了200万美元的高价，然而当时黄春娅在总结中却说，大家都害怕参与这幅作品的绣制，而她毅然接手了这个任务，通过对摄影作品的再次创作表现，成功达到了肌理的效果。黄春娅说，采用摄影作品作绣稿，绝不是简单机械地复制照片，而是艺术地再创造，照片上的形象通过刺绣语言重新塑造，使它的每一棵树、每一片叶表现得更立体，而且通过绣线特有的光泽，形成比照片更美妙的艺术境界。

早已到退休年龄的黄春娅如今仍在研究所工作着，她带了一批又一批的新人，自己也依然喜欢坐在绣架前的感觉。最近在绣制的一幅作品已接近尾声，黄春娅对《金丝猴》的不同层次明暗进行分析、斟酌，尝试用四十八分之一丝的刺绣线条表现金丝猴脸部、肢体，注重尾部边缘毛丝虚与化的感觉。在注意色彩变化的同时，她力求用刺绣丝理的转折、刺绣线条的粗细与刺绣针脚长短的变化来表达金丝猴形象的运动之美。

她打开电脑，拿着当时随手记下的内容，开始写新的篇章。

一根针线的出世入世

顾志聘

刚过小暑的苏州还在断断续续下着雨,天气不冷不热,路两旁摆满了点心摊子,人围一圈,吆喝声伴随着食物出锅,形成了一股独特的烟火气息。李瑶华像往常一样,沿着景德路走进环秀山庄,穿过拱门来到一片四方的院子里。这里草木葱茏,有些年头的树径直长到了三层楼高,几张石凳上围着扑棱的小鸟,曲折回廊将小院与外面的世界分隔,喧嚣与浮华随着青石板路蜿蜒开去,这里便是苏州刺绣研究所。

李瑶华上楼走进工作室,将刺绣撑子上盖的薄纱掀开,检查了一下绑线的松紧,开始了一天的工作。她先试着活动了一下五指和手腕,与常人相比仍然灵活的手指却并不令李瑶华感到放心,与二十几年前是没法比了啊,她这样想着。从19岁开始学习刺绣,至今已有36个年头了,当年高中毕业的她被环境吸引，参加了苏州刺绣研究所的考试，在文化、基础绘画和刺绣三项考评中，李瑶华展现了她独特的艺术天赋，最终从六百多人中脱颖而出，苏绣也从那一天起在她生命中画下浓墨重彩的一笔。

最近李瑶华在绣一幅小猫的作品，画面中的猫体态轻盈，双目炯然有神，绒毛纤毫毕现，与真猫的风采不遑多让。绣猫是她最擅长的题材，她曾自己养猫来观察猫的体态构架和生活习惯。小猫和老猫的绣法不同，从针法的选择到色彩的搭配都有学问，没有一幅作品不花心思。李瑶华对比着色卡，从撑子一侧挑选合适的颜色，选好后熟练地将一根头发丝细的绣线分成了二十几根，用来绣小猫的绒毛。在对着针孔穿针的时候，她突然想起了刚开始学习苏绣时的情景。考进刺绣研究所后，她们被安排统一上课，学习绘画、临摹和写生，每天画八个小时。因为李瑶华自己很喜欢，她还额外报了一个学绘画的夜班，每天下班后匆匆赶过去继续坐在画架前学画。后来她作为研究所的尖子生，进入一个20人的小班进一步系统地学习苏绣。

刻苦学习并不是李瑶华与生俱来的品质，尤其在20世纪70年代的中国，社会正遭遇一场巨变，人们东奔西走繁忙不堪，脚踏实地地读书不是一件容易事。那时候上课很随意，学校不会给学生压力，想学得靠自己努力。有一回她听说有人考零分也能上大学，心神都为之一松，结果那次考试她只考了70多分，回家就被父亲骂了一顿。所谓"梅花香自苦寒来"，此后她便知道，决定自己高度的只有你对自己的要求，刺绣亦如是。

在研究所学习满师之后，李瑶华先进了工厂接触市场上的绣品绣制，一年以后因其出色的手艺，被余福臻老师带进了针法研究室，跟随余老师学绣小猫一直到退休。猫作为一种活泼优雅的动物，与苏绣作品中经常出现的花鸟金鱼不同。初时绣制，用细绣针法打底，能够表现小猫肉嘟嘟的样子，然后再用乱针针法上色，毛丝更显松弛灵动，效果也更好。这样复杂的工艺容不得一点马虎，余老师对她的学生要求十分严格，通常每天八小时的工作时间总是不够，于是只能自己再贴时间，慢工出细活。

李瑶华常常觉得刺绣研究所里的时间似乎与外界不同，耳边是绣针穿过丝帛的声音，一阵风吹过能听见窗外树叶簌簌抖动，偶尔几声鸟鸣打破宁静，光阴好像静止又好像飞速前行，一晃神，她都已经退休并被返聘，自己在教学生了。明明年轻时候的自己也很贪玩，爱看电影，至今《庐山恋》的剧情都能侃侃而谈，那时候观前街的大光明影院前有一块黑板，几时放什么电影都会用粉笔端正地写上。她不记得自己从何时开始适应了研究所的宁静淡泊，人世的名利纷争好像都被那曲折回廊挡在外面，眼前只有一幅自己的绣品，用什么配色最真、选什么针法最顺是她每天思考的问题，其余的都不作他想。

不过李瑶华觉得自己还很年轻。退休那一年，她去了很多地方旅游，最喜欢的还是云海迎客的黄山，登高远望，心神旷阔。她也爱玩年轻人流行的东西，看美国大片，逛淘宝，刷微信。退休两年后她被返聘回研究所，接过了苏绣传承的大旗。现在她教两个学生绣小猫，都是苏州本地的女孩子，二十几岁的年纪，面对飞速发展的世界内心总是不能平静，和自己那个年代没法比啦，她笑道。

傍晚，光线暗下来不能继续刺绣，李瑶华停下来仔细观察她的绣品，评价今天的成果，尽管每天几乎只能绣一个指甲盖大小的地方，但刺绣这事急不得。她收拾一下手边的东西，将薄纱盖上撑子防灰，小步走出了研究所。绕过回廊，走出拱门的瞬间仿佛一下子重新入世，四面的喧嚣将她包围，烟火气息又笼罩上来，耳边是车辆行人川流不息的声音。今天回家烧什么菜呢，她想着。

而刺绣研究所仍静静地立在那里，那扇拱门上如果有钥匙，会刻着"苏绣"二字吧。

余福臻：苏绣变革者

顾志聘

窗外还在淅淅沥沥下着雨，丝缕顺着玻璃窗滑成一道雾蒙蒙的水晶帘，再往外望去，树影深深，青石板路浸润在氤氲的空气里，落叶混着泥土发酵出秋意。这个季节的苏城，最容易让人怀想心事。余福臻坐在窗边，一手支着头，沉淀在旧年中的记忆还没来得及重新鲜活起来，就被一个学生打断了思绪："余老师，你看这个小猫的脚垫怎么处理比较好？"

距离苏州刺绣研究所不远处的人民路正在修建轻轨，挖掘机突突地工作着，设计员走在路两旁斟酌着景观规划，这里以后将成为古城新貌的典范。与此同时，74岁的余福臻用笔在白纸上勾勒出一只小猫的轮廓，她想象着猫起跳的姿态，顺着自然脉络一笔笔画出了它脚垫绒毛的样子，因为蓄力而蜷缩的爪子，紧绷又轻盈。

在苏州这个日新月异的节奏里，余福臻仍然坚持每周去刺绣研究所指导她的学生们，而苏绣作为经典手艺一脉传承，看似因循守旧，与时代脱轨，实则它曾一度创新发展开启审美新潮流。

20世纪70年代，随着越来越多国际友人的到访，苏绣作为国礼备受欢迎。省里经常给苏州刺绣研究所下达任务指标，余福臻回忆道："记得那几年我都是没有年初一的，过年的时候也是每天早上六点钟去所里上班。"金鱼和小猫一直是苏绣的代表性作品，有着"猫王"美誉的余福臻自然不得清闲。"我绣了好几幅双面绣的猫作为国礼送出去，栩栩如生的那个小猫，很骄傲。"

1977年，余福臻被调到刺绣针法研究室工作，正好遇上了擅长乱针绣的任嘒閒。乱针绣法有着随意却不杂乱、飘逸灵动的优势，余福臻观察学习后很受启发，也曾多次向任嘒閒请教规律。有一次拿到一幅样稿，画面里的猫毛丝细腻，色彩立体，传统绣法不再合适。余福臻习惯在每绣一幅作品前，先看画稿，顺着那只猫的毛丝脉络自己画一遍，心中有数了再动手绣制。而这一次，她却踌躇良久。

刺绣研究所通常下午五点下班，而余福臻为了赶工每每需要留到晚上八点，因为害怕一个人待在偌大又空无一人的房间，她会在五点前将刺绣绷子搬到楼下传达室，在门卫的家长里短声中继续低头穿针引线。也许是寂静无垠的黑夜容易带来灵感，也或许是扎实的基本功终于发挥了优势，余福臻尝试用细绣针法打底，乱针施色，细乱结合之下的绣品得到了比原画稿更多一份灵气的评价。技术成熟后，余福臻将这套细乱结合针法推广到绣猫工场里，绣出来的作品广受好评。这是余福臻对于苏绣的第一次变革。

随着画稿多样性的增加，余福臻再一次遇到了难题。这次是一幅需要在白底上用白色丝线绣一只白猫头的作品，如何在一片白中显出猫脸的立体感与毛绒性无疑是新的挑战。有了上一次的经验，这回的虚实乱针表现方法她探索很快。虚实针法是按光线的阴阳部分来绣，物体的阴暗面绣满为实，越往亮处则排针越稀，用线越细，最亮部分留白为虚。虚实乱针绣法，纵横交错，极富韵律感。

余福臻的回忆随着窗外的雨一般逐渐变缓，她看着水珠从树梢滑落，笑着说："细乱结合针法和虚实乱针法其实不能说是我发明的针法，这些针法以前都有，我只不过尝试把它们融在一起，运用了前人的智慧嘛。"无可争议的是，余福臻对于苏绣技艺的两次变革改变了人们对于苏绣的古旧印象，原来传统技艺也可以焕发新貌，苏绣不单可以绣国画，还可以绣油画，甚至连摄影稿也能找到不一样的表现形式。

雨停了，阳光还没有穿透云层，路面上积水倒映出的世界，疏影依稀，心情也跟着浮动起来，回忆禁不住沿着石板小径一直走向花木婆娑的深处去了。

五十多年前，刺绣研究所开办刺绣专修班，培养苏绣接班人。17岁的余福臻考了进去，跟着李娥英老师学基本功，绘画、刺绣和文化科目同时学习，李老师为人严格，对待作品的态度令人敬佩，在日复一日的刻苦中，四年一晃而过。在打下了坚实的基础后，余福臻先跟随顾文霞进一步学习绣猫的技艺，尝试做了几幅小猫绣品，对苏绣有了自己的体会，后拜师画猫大师曹克家，系统专业地学习了猫的绘画。想要学好刺绣，绣与画是分不开的，曹老师说："要绣猫，首先要理清猫丝的方向，这个丝缕的方向就是你刺绣的用针方向。"

余福臻想起了自己家养的小猫，她每天回家都喜欢逗着猫玩，晚上睡前，小猫也会跳上余福臻的被子，趴在她身上睡觉，一人一猫从小一起长大。她知道猫的习性，知道它们的体态、结构和神情，只不过那时候的余福臻，还不知道日后她将会用针线绣出一只又一只鲜活灵动的小猫。

那一年的夏天，余福臻刚考进刺绣研究所，她沿着长廊走到拐角，突然看到一只黄色小猫蹲在丛中，阳光洒下，它的毛丝随风而动，余福臻和它对视了一眼，上楼推开了报到处的木门。

"我这一生都给了它"

顾志聘

"他们说，张玉英只会做人像，做乱针绣，然后我就做出了这幅《姑苏繁华图》。"

张玉英，1935年生，20岁开始学习刺绣，参加苏州工艺美术合作社，师从我国著名苏绣艺术家朱凤，又先后跟中国工艺美术大师李娥英、任嘒閒学习苏绣传统技艺和乱针绣法。她博采众长，技艺精湛，多幅作品被作为国礼送给外国领导人。2007年，张玉英被国务院授予"中国工艺美术大师"称号。

我从小读过很多篇人物传记，文言文往往寥寥百字讲完人的一生，最后也不过留下一句："此人真英雄也。"然而上述那些介绍真的能给人带来什么印象吗？当我站在张玉英老师家的阳台上，看到她以85岁的高龄仍在做着一幅绣品时，那种感动几乎直入心扉，张老师还什么都没有说，我却觉得她已经把什么都表达清楚了。

"这幅《姑苏繁华图》是我当时去镇湖，挑了十多个绣娘，我手把手地教，和她们一起完成的。"张老师从最近的一幅作品讲起，她是至今唯一一位仍活跃在中国绣坛的工艺美术大师，完成的《姑苏繁华图》稿本取自苏州籍宫廷画家徐扬所绘《盛世滋生图》，此图比北宋张择端的《清明上河图》长一倍多，以艺术形式真实地描绘了250年前苏州市井的繁荣景象。

"《姑苏繁华图》里几乎包括了所有我会的针法，乱针、细绣，还有很多别的，我做这幅图的时候是相当花心思的，每一个部分都找到最好的表达方式，同样是树叶，我用了十几种针法来区分远近、粗细和虚实，更不用说画面本身的层次结构了。我在这幅作品里做了很多创新的尝试，因为我本身跟过三个老师，朱凤、李娥英和任嘒閒，她们都是很好的老师，教了我不同的东西，我呢就是把她们教给我的结合在一起，针法变化非常多。这幅作品也算是对我自己的一个挑战，以前在刺绣研究所的时候，都是上面布置给我任务，我就去完成，这次却是需要我完完全全一个人琢磨的。我吸收了良师们的精华，自己也有创作的欲望，感觉还有很多可以发挥的地方。"

张玉英1955年考入苏州工艺美术合作社。"妈妈认为女孩子应该学习刺绣。当时去学习的时候，我是不喜欢的，想逃回家。迫于生计,后来又受到朱凤老师的影响,我留了下来,慢慢也培养了对刺绣的兴趣。"1955年我国刚刚从残酷的战争中喘息过来,百废待兴,人民为了安稳的生活日夜劳作。"我文化水平不高,只读到了小学四年级,但我在刺绣这方面有些天赋,有些道理我一听就懂,绘画之类的基本功也很好。"张玉英老师说,刺绣和很多东西都融会贯通,绣什么都要先观察实物,了解它的生长构造,顺着它的生长规律去绣才能让人看得舒服,不论是一片叶子,还是一只小猫,都有自己的生命脉络。我听得入神,不禁想,刺绣有那么多题材,张老师几乎都绣过了,且无一不精,这是不是说明老师本身也洞悉了事物的发展规律,通过刺绣探索了生命的意义?然而85岁的张老师却说:"我在刺绣这方面,感觉自己还年轻着,有很多力量想去发挥。"

刺绣是一项需要与寂寞为伍的艺术,刺绣者的手夏天不能出汗,冬天不能僵硬。张老师的手摸起来很滑,和同龄的人不一样。当提到张老师的几幅代表作时,她显得很自豪:"我70年代之前以传统的花、鸟、风景为基础刺绣。40岁的时候,我做了第一幅人物肖像绣,是《牧羊姑娘》。请画师画好,勾好图样,当时刺绣研究所是下午四点半下班,但是我想赶紧做好,一心想着赶工,就自己给自己加班。后来就越做越多,像《圣母》《达·芬奇》和《蒙娜丽莎》这些作品都有很多人喜欢,我也前后做过好多幅。"

苏绣作为我国传统手工艺代表，以其精湛技艺闻名于世，一直作为国礼赠予外宾，张玉英老师就曾绣过好几幅国礼作品。"每次做国礼时间都非常紧张，有时候要日夜不睡。画里的天、水都需要做得非常精细。我自己最喜欢和周爱珍老师一起完成的《82+1》，我们拿去北京的时候，是邓小平的女儿接见了我们，当时邓小平去上海出差了。这幅作品与众不同的是，以往我做的人物肖像绣都是以照片为原型，这一幅是以油画为原型的。还有《摩洛哥国王》，因为眼睛自然、额头饱满、做工逼真，被作为国礼送给外宾。还有《阿联酋酋长》，他的两个儿子还到刺绣研究所来看过我，看看是谁绣的。"

近几十年来，中国的发展速度超乎世界想象，古老的国度吸收了新的东西焕发生机，在日新月异的变化下，却有一批人仍在默默坚守传统，当发展到一定阶段，我们回过头看的时候，会庆幸还好有那么一群人。"改革开放的时候，很多人的心思开始活络，想开工作室，想找人合作，我喜欢刺绣，不想做营销，不想受市场的影响。"正是因为这一份不受外界诱惑的执着之心，张玉英老师作品的产量和质量都取得了令人瞩目的成绩，"我是以一幅乱针绣作品评上的中国工艺美术大师，大家就以为我只会乱针绣，只擅长绣人物，其实不是的。我各种题材都绣过的，花鸟、山水、仕女画、西方油画、人物肖像、动物等，我都做过，中国和西方古典的、现代的，我喜欢什么做什么。有一次我在报纸上看到一幅喜欢的照片，我就把它剪下来，自己绣。"涉猎广泛，技艺精湛，取众家之长，作为苏绣的传承人，张玉英学习了老一辈的传统针法，又在新时代悄无声息地革新了苏绣的技艺，她一天天不停歇地创作着，也将自己多年的经验教给年轻人，"我觉得我这一生都给了它。"张老师指向阳台上的刺绣绷子，上面还有完成了一半的作品，在阳光下熠熠生辉。

六十五年几乎日日与刺绣相伴，这唯有发自内心的热爱才能够做到。